科学。奥妙无穷 ▶

身体语言

大揭秘 ◀

张玲 编著

北方妇女儿童出版社

目录

目录

● 肢体会 "说话"

当我们与某人第一次见面的时候，通常情况下，我们很快就会对他做出一番评价。尽管我们做出的评价也许与实际情况有出入，但是通过此番评估，在心里，我们已经对他的友好程度、控制欲强弱以及成为自己朋友的可能性大小有了一个初步的了解——不过，在此过程中，为我们提供最多信息的不是常规的话语，而是肢体语言。

目前，大多数研究者都已经肯定了这样一个事实：话语的主要作用是传递信息，而肢体语言则通常被用来进行人与人之间思想的沟通和谈判。在某些情况

下，肢体语言甚至可以取代话语的位置，发挥传递信息的功效。研究者博威斯特首先指出，假如不考虑文化因素的作用，同时发生的语言和身体动作所产生的作用应当是可以被预测的。因此，一个训练有素的人应该能够通过倾听他人的话语而分辨出此人的姿势动作。博威斯特甚至可以通过只观察人们的动作而判断出他们所说的语言。那么，肢体语言究竟是什么？而它又是如何在我们的社会交往中发挥作用的？在接下来的内容中我们将来了解这神奇的肢体语言。

肢体语言简称体语，也称身体语言，是副语言的一种。指非词语性的身体符号。包括目光与面部表情、身体运动与触摸、姿势与外貌、身体间的空间距离等。我们在与人交流沟通时，即使不说话，可以凭借对方的身体语言来探索他内心的秘密，对方也同样可以通过身体语言了解到我们的真实想法。人们可以在语言上伪装自己，但身体语言却经常会"出卖"他们，因此，解译人们的体语密码，可以更准确地认识自己和他人。

肢体语言的起源 ＞

关于肢体语言起源的问题，在学术界，一直存在分歧和争议，至今没有定论。有人认为，肢体语言是由遗传基因决定的，有人认为，肢体语言是由文化环境决定的，也有人认为，肢体语言是由遗传和环境共同作用的，还有人认为，基本的肢体语言是遗传的，而特殊的肢体语言是后天习得的，甚至还有少数人认为，肢体语言是由人主观的内在愿望决定的。那么，肢体语言究竟是由什么决定的呢?

首先让我们来看看俄国文学家阿·托尔斯泰的描述，他在长篇小说《怪人》中描述道："最初本来是没有语言的，当人们还过着半野兽似的生活的时候，他们总是打着手势，发出一些声音，做出表示危险或好感的信号。总之，他们完全像聋哑人那样表示个人的意愿。后来，这些手势的作用同声音结合在一起，并且从声音中产生出词汇，最后才产生出有联系的人类语言。"

由此，我们可以展开丰富的联想，在远古时代，当人类还没直立行走的时候，只能依靠肢体动作来传递信息，同时还会伴有一些声音，那些声音就像婴儿学话时咿咿呀呀的声音，似乎是在为肢体动作进行最为直接的解释，而当这些声音进化成语言的时候，它们和肢体动作之间就形成了相对稳定的匹配关系。我们现在甚至还可以从人们日常生活中交流时的肢体语言中，看到肢体动作和语言之间关系的雏形。比如，当我们对某人说，你过来一下，通常会伴有招手的动作，而我们让人走开的时候，则会伴有摆手的动作，显然，语言本身和肢体动作的意思是一样的，经过反复使用之后，无论是肢体动作还是语言，任何一种出现的时候，我们都能明白其中的意思，这样一来，沟通就变得高效而方便了。这或许是肢体语言最初产生的最为合理的推断和猜测。

在19世纪70年代初，英国生物学家、进化论的奠基人、"现代人体语言研究之父"查尔斯·罗伯特·达尔文发表了研究人类肢体语言的专著——《人类和动物的表情》。在书中，达尔文指出：灵长类动物的表情是与生俱来的。显然，达尔文的观点支持遗传决定论，在当时，遗传决定论非常流行，很多人都对此表示认可。后来，德国科学家艾贝乐·艾伯费尔德研究发现，那些天生失聪及天生失明的孩

达尔文

子生来就会微笑，完全无须经过后天的学习和模仿。这一事实说明微笑也是一种天生的本能。同时，这也间接地说明与微笑相类似的基本表情应该具有先天的遗传倾向。

到了20世纪60年代中期，美国心理学家、识谎专家艾克曼、福瑞森和瑟瑞森通过对生活于5种不同的文化氛围中的人的面部表情和动作进行研究，他们发现，对于人类的7种基本情感反应，表现在表情上的时候是完全一致的。换句话说，无论是北美的美国白色人种，还是非洲的埃塞俄比亚黑色人种；无论是亚洲的中国黄色人种，还是大洋洲的澳大利亚的棕色人种；无论居住在发达国家大城市的普通百姓，还是居住在原始森林的部落族人，他们在愉快、悲伤、蔑视、愤怒、厌恶、惊讶、恐惧7种基本的表情反应上是没有本质差异的。这说明，在远古时代，当世界各地猿猴进化成可以直立行走的人时，他们在表情上也完成了同步的进化，并发展出用相同的表情反应来传递情感信息。艾克曼等人的结论有力地支持了达尔文的观点，并成了遗传决定论的另一个重要理论支撑。

肢体语言的共性和差异性 >

　　全球各种文化之间的差异固然比比皆是,但是世界各地所使用的基本肢体语言讯号却是相同的。

　　大多数基本的交流讯号是全世界通用的。当人们高兴时,他们会微笑;当他们感到悲伤或愤怒的时候,他们会皱眉头或怒目而视。在大多数情况下,点头通常都是用来表示"赞同"或肯定,其表现形式就是低下头。点头很有可能是一种天生的本能动作,因为那些生来就失明的人也懂得使用这一动作。和点头一样,摇头也是一种普遍的动作,其含义与点头相反,表示"反对"或否定。而与点头不同的是,摇头可能是人在童年时期通过后天的学习所掌握的一种动作。当婴儿吃饱了之后,他们会用摇头的方式躲避妈妈的乳房,从而拒绝妈妈继续喂奶。当小孩吃饱了以后,他们就会用摇头的方式来抗拒送到嘴边的食物。于是,不知不觉中,孩子们很快就学会了用摇头来表示拒绝或否定他人的做法和思想。

　　耸肩同样也是一个很普遍的肢体动作。人们耸肩,则说明他们不知道,或者不明白你所说的内容。耸肩并不是一个单一的简单动作,而是包含3个主要的部

11

分：摊开手掌以表示手中并没有隐藏任何东西；收缩肩膀以保护咽喉不受攻击；扬起眉毛的动作本身也是一个通用的表情，是一种表示顺从的问候方式。

在人类的进化历程当中，一些面部表情和动作的根源可以一直追溯到远古时期。比如说，大多数食肉动物会用微笑这种表情来传递危险的信号，但对灵长类动物而言，这种表情却与危险无关，它传递的是一种表示妥协和屈服的信号。

龇牙和扩张鼻孔这两种面部表情源自于动物间的攻击行为，也是其他灵长类动物经常使用的最简单的表情之一。动物用龇牙露齿来警告对方，假如有必要，他们将会用自己的牙齿来保护自己

或攻击对方。对人类而言，虽然我们并不会像动物那样用牙齿来攻击对方，但是在人类的身上也发现了类似的表情和动作。

扩张鼻孔可以使肺部吸入更多的氧气，从而为战斗或逃跑做好准备，而在灵长类动物的世界中，这一动作意在告诫其他在场者，要想化解即将降临的威胁，充足的后备支持是必需的。对人类而言，这一动作通常是由于愤怒而引起的。当一个人感觉到自己的身体或心理受到了威胁，或是认为某事不正确时，也会流露出这种表情。

作为肢体语言的一个重要组成部分，面部表情是具有共同性和普遍性，遗

传在面部表情的表现上虽然具有重要的支撑作用，但这并不代表所有的肢体语言是由遗传来决定的。关于肢体语言的跨文化研究表明，在肢体语言的表达习惯和外在表征上，世界各地因为文化环境和传统习惯的不同存在很大的差异。

比如说，要表示同意、认可或允许的意思，在中国、日本、美国、法国、澳大利亚等大多数国家都可以用点头来表示，但在尼泊尔、斯里兰卡等国家则是用点头来表示反对、否定和批评。即便是在一个国家，由于各地群众的风俗习惯、文化传统、宗教信仰的不同，也会对相同的肢体语言有不同的理解。比如，在我国陕西、河南、北京等北方地区或汉族人居住的地区，用手抚摸小孩子的头，被认为是大人对小孩关心和赞扬的一种表现，而在西藏、云南、四川、新疆等个别少数民族聚居的地区，抚摸孩子的头则被认为是一种无礼和蔑视的行为。

再比如，在信仰伊斯兰教的民族和地区，人们的传统习惯是用右手做愉快的事情，如握手、吃饭，用左手做令人不愉快的事，如大小便、拿脏东西。因此，在穆斯林地区，如果直接用左手接触他们，会被认为是在侮辱他们。诸如此类，不胜枚举。因此，肢体语言的产生不仅仅是受遗传决定，还要受环境影响。从这个角度来讲，遗传与环境共同决定论可能更具有说服力。

13

男女破译肢体语言能力的差异 >

所谓"感知力强"，也就是指能够通过观察发现人们的话语和他们的肢体语言之间的矛盾之处。

我们经常会用"感知力强"、"直觉灵敏"之类的话语来评价他人。其实，在这些评价当中，我们所谈论的正是他们解读他人肢体语言的能力，以及他们将肢体语言与有声语言进行对比，帮助交流的能力。只不过，我们在说此话时并没有意识到这一点而已。换言之，当我们说"直觉"或是"本能"告诉我们某人撒了谎，其实，我们的本意应该是，对方的肢体语言和他的话自相矛盾。演说者们通常把这种"直觉"或"本能"称为观众意识或群组意识。例如，假如座位上的观众将整个上半身都靠在椅背上，下巴微含，双臂环抱于胸前，那么这个时候，一位"洞察力敏锐"的演说者就应该立刻察觉到他的演讲并没有打动台下的观众，并应该意识到此时此刻他需要改变方法，用另一种不同的方式来引起观众的共鸣和互动。同样的道理，假如演说者的"感知力"不够敏锐，他就根本不会注意到这些细节，只会不管不顾地继续自己的演讲。

大体而言，女性的感知力远远胜于男性，而这也就是我们常说的"女人的直觉"。女性有一种与生俱来的洞察和破译

无声信号的能力，与此同时，她们往往也独具慧眼，能够发现那些通常会被男性忽略了的细节。这也是为何几乎没有哪位丈夫的谎言能够逃过妻子的法眼；反过来大多数女性却能把男人玩得团团转，而让对方不自知。

通过哈佛大学开展的一项心理研究，我们了解到了女性和男性对于肢体语言敏感度的巨大差异。研究者播放了一段被删去了声音的短片。短片里，一个男人正在和一个女人谈话。研究者要求参与者们通过观察这对夫妻的面部表情和动作，描述出他们之间发生的事情。研究结果显示，87%的女性参与者所描述的内容与实际情况相吻合，但同样的情况在男性参与者中所占的比例只有42%。从事诸如艺术、演员和护理等"敏感"职业的男性的感知力与女性相当；同性恋中的男性在这一方面的能力也丝毫不比女性逊色。在那些养育了孩子的女性人群当中，"女人的直觉"这一特点表现得尤为明显。在抚养孩子的最初几年当中，妈妈们几乎完全是靠无声的讯号来与自己的孩子进行沟通和情感交流。这也就解释了为何在谈判中，感知力强于男性的女性所发挥的作用往往会大于男性，因为她们很早就开始了这方面的培养和锻炼。

▷ 达尔文与他的《人和动物的感情表达》

达尔文（1809—1882）英国博物学家，进化论的奠基人。1809 年 2 月 12 日，出生于英国医生家庭。1825 年至 1828 年在爱丁堡大学学医，后进入剑桥大学学习神学。1831 年从剑桥大学毕业后，以博物学家的身份乘海军勘探船"贝格尔号"作历时 5 年（1831—1836）的环球旅行，观察和搜集了动物、植物和地质等方面的大量材料，经过归纳整理和综合分析，形成了生物进化的概念。1859 年出版《物种起源》一书，全面提出以自然选择为基础的进化学说。书中用大量资料证明了形形色色的生物都不是上帝创造的，而是在遗传、变异、生存斗争中和自然选择中，由简单到复杂由低等到高等，不断发展变化的，提出了生物进化论学说，从而摧毁了各种唯心的神造论和物种不变论。恩格斯将"进化论"列为 19 世纪自然科学的三大发现之一（其他两个是细胞学说，能量守恒和转化定律）。

达尔文相信大家是早已经耳熟能详，但是大家是否知道在应用心理学界达尔文依然是一个举足轻重的人物呢？《人和动物的表情》为达尔文晚年著作，他在本书中通过人和高等动物及少数低等脊椎动物的声音、面容、手势及身体各部分姿势的类比来阐明其间的共性，进而证明动物也是有感情的，并证明了由于动物没有语言，所以形体表情极为重要。虽然在书中他主要的目的是希望通过类人猿的表情与人类的相似性而再次论证人类由类人猿进化而来的理论，但是无心插柳的是，这本书中研究的相关内容，为后世的应用心理学的研究者提供了大量的理论和事实依据，为后来的应用心理学发展起到了巨大的推动作用。

肢体语言的分类 〉

　　肢体语言实际上是身体各个部分表达元素的一个综合信息。一举一动皆为"语言"，所以我们在接下来的内容中，将和大家一起来了解我们身体上各部分丰富的语言信息。

写在脸上的密码

据研究发现，交往中的一个信息表达=7%的语言+38%的声音+55%的面部表情。所以，面部表情可以看作人身体上语言信息含量最丰富的部分。

人的面部是由骨骼肌肉、血管、皮肤等组成的有机活体，所以无时不在变化着，尤其面部表情的变化，可以引起面部五官各部的外形变化。所以人的面部可以表现出成千上万、不计其数而又十分微妙的表情，而且表情的变化十分迅速、快捷和细致，能够真实、准确地反映情感，传递信息。面部所表现出的各种各样的情感，最能吸引对方的注意，在你未开口之前对方就从你的面部表情上得到了一定的信息，从而对你的气质、情绪、性格、态度等有所了解了。所以有句话说得好：看人先看脸。脸是人的价值与性格的外观，所谓脸面不仅是指人的长相，主要是指面部表情。

表情研究的几个基本观点 〉

人类的面部表情经过细化能分为成千上万种，面对如此繁复的现象，情绪心理学家积累多年的研究成果，逐渐地理出了一些头绪。有些学者把情绪归纳为三个不可分割的成分。例如，美国情绪心理学家伊扎德把这三个成分归之为生理的、体验的和表情的三方面，刘易斯归之为状态、体验和表情。他们的理论概括已经成为当代强有力的情绪心理学说，从而在研究方法上也得出了比较明朗的概念。

（一）面部表情是有机体在进化中程序化的先天模式

近20年来，情绪心理学家、人格与社会心理学家、精神病与临床心理实际工作者都强调表情的重要意义。这种认识的理论根据在于表情，特别是面部表情是人输送和接受社会信息的高级中心。表情的这种功能是情绪适应性在人类的体现。达尔文在100年前指出，面部表情

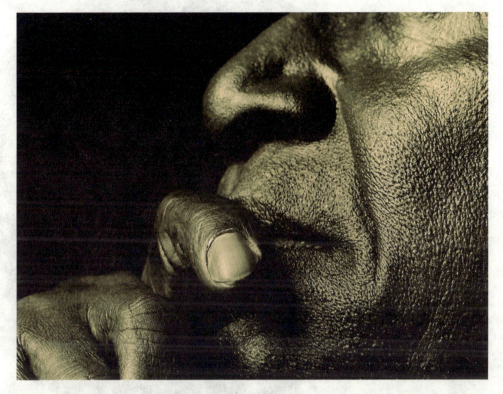

是进化的产物,对种族的生存和适应起着巨大的作用。美国心理学家汤姆金斯强调,情绪基本上就是面部反应。

伊扎德指出,当代科学已经证明,情绪的发生和发展与大脑新皮质的进化是平行的;同时,新皮质的发展与面部肌肉系统的分化和发展也是平行的。情绪的分化和面部表情的分化是同一件事情的两个方面。无脊椎动物、低等脊椎动物没有面部肌肉系统。

在鸟类水平上可以观察到一些模式化行为。在它们的通信交往中,头部和面部的特点(伴随着声音)起着重要的作用。但是在脊椎动物中,存在着从完全不具有面部肌肉系统到有相当发育的面部肌肉系统,以至到人类产生了极为精细分化的面部肌肉组织。罗猴具有各种可区分的面部肌肉运动模式。它们在威胁、骚扰、屈服、媾和的通信中起着特殊的作用。但是罗猴的面部表情和身体姿势直接联系着,倘若离开它们的身体动作而单独对面部表情进行辨认则发生困难。然而,猿类的面部表情则可以同身体运动分开而相对独立地表现。人们可以辨

21

认出猿类的怒、怕、快乐、满足或悲伤的情绪。到人类阶段，面部表情模式作为通信交流的工具，可以独立于身体姿势动作，传递着更分化、更多样的情绪信息。这一进化的轮廓说明，面部表情在进化中越来越独立地起着传递信息的作用。

在从猿到人类的进化过程中，随着脑神经组织的分化和面部肌肉组织的分化，具体的、具有各种不同性质的基本情绪也分化出来。这些诸如愉快、痛苦、兴趣、惊奇、厌恶、愤怒、惧怕等基本情绪都有生物遗传程序化的不同模式。而且，这些不同的基本情绪各自有着不同的适应功能。

（二）表情和情绪交流是人类婴儿生存的首要心理工具

在前语言阶段，人类婴儿表达愿望与要求，传递生理和心理信息的唯一手段就是情绪。他们通过面部表情、声音和身体活动同成人建立联系，达到与成人的互相了解。他们通过表情，诸如皱眉、微笑、哭声和四肢运动，表明他们是处在饥饿或饱足、病痛或舒适的状态，表明他们是愉快或痛苦、厌恶或愤怒。婴儿还通过情绪表情吸引成人接近、拥抱他，抚慰、哺育他。成人和婴儿之间的感情交流是相互的。成人的爱抚、哺育引起婴儿的欢快或痛苦的情绪反应；婴儿的主动表情又是唤起母亲感情的重要源泉。母婴之间的感情联结在这样的交流中建立，成为婴儿健康成长的关键。

新生儿时期，婴儿就会对看着他的人的面孔集中视线。与其他刺激物（如奶瓶、无响玩具或图片）相比，他们似乎更喜欢面孔刺激。两三个月的婴儿会发出主动的社会性微笑，当母亲在婴儿的视野范围内移动时，他会用眼睛跟踪；当母亲离开他时，他能作出所谓保持亲近反应，例如哭。7个月时婴儿会爬着追踪母亲。当母亲回到他身边时，又会出现保持亲近反应，这时他伸出手臂，发出愉快的声音。6—9个月时，这些反应就出现得更为经常和强烈。这时的婴儿害怕时会搂着母亲的脖子，痛苦时会寻求与母亲接触。

婴儿与母亲的感情依恋是独特的。诚如上述，婴儿并不对其他物体表示这样的依恋。美国比较心理学家哈洛的罗猴实验已众所周知，小猴宁愿依偎在绒布妈妈身上也不愿挨近供给食物的铁丝妈妈。有人在实验中发现，母乳喂养

的3个月婴儿，在母亲哺喂时长时间地注视母亲的面孔，并喜欢抚摸母亲的乳房。同样，3个月的人工喂养婴儿，他们并不注视奶瓶。婴儿在3—4个月可以显示出他已具有面孔的认知表象，多数婴儿在6个月时能区分经常照顾他的母亲和其他人。

大量的研究说明婴儿早期的情绪反应以及表情的生理知觉式是本能的，是在种族发展中固定下来的先天特征。环绕着婴儿的生活需要和社会性交往需要，人类基本情绪和表情在1岁内均已出现。

然而，为了证实上述论点，对先天盲童的观察证明，先天盲童具有和正常视觉婴儿同样的面部表情和同样的感情依恋行为。只是由于他们缺乏后天视觉对感情交往的强化，这些表情在个体生活史中反而逐渐变得淡漠了。

上述人类婴儿表情的发展给人们提供了一个重要的启示：情绪的外部表现表情，是观察、探测情绪的一个明亮的窗口。通过这个窗口不但可以揭示婴儿、儿童情绪的发生发展规律，而且，由于情绪个体发生学展现了情绪的本质特性，同时也是认识成人情绪的重要途径。

（三）跨文化研究揭示面部表情的全人类普遍性

美国情绪心理学家保罗·艾克曼分析了盖杜谢克在20世纪50—60年代所拍摄的关于新几内亚两个前文化民族在接触外界社会以前的长达10万英尺（1英尺=0.3048米）的影片。发现这些民族在影片中显示的面部表情都是在其他民族中见过的。这些民族的语言与其他民族不同，但是他们的面部表情与其他民族十分相似。艾克曼参照影片中人们的社会行为来解释这些表情，认为对这些表情的认知是正确无误的。艾克曼认为，面部表情和语言不同，异族的语言我们可以不理解，但是他们的表情是可以理解的。外国人的表情不是外国语。

艾克曼进行了更多的跨文化研究。他对美国人和日本人作了比较，让被试观看容易引起正性情绪的风景影片和引起负性情绪的外科手术影片，发现日本人和美国人在对影片的每一特定片段上发生的面部表情的相似性为0.9，证明了面部表情的基本模式是全人类的。

为了弥补被试看过电影和电视这一可能的漏洞，艾克曼在新几内亚又选择了从未看过影片、照片和从未见过外国人的民族做了两个实验。一个实验是给被试说一个"孩子死亡"的故事，然后让他们从三张照片中选出一张悲伤面孔的照片；再述说一个"攻击事件"的故事，选出一张愤怒面孔的照片。另一个实验是给被试说一个故事，让他们做出符合故事内容的相应表情。结果发现，他们的面部肌肉运动模式与文化人无异。

上述研究证明基本情绪在全人类是普遍的。但是研究中也发现表情具有文化差异。例如在上述对美国人和日本人的研究中，在观看外科手术的影片时，在美、日两组被试者中分别有一位美国和一位日本的科学家随被试者一同进入实验室。发现日本被试者用微笑来掩盖负性感情，而美国被试者则不隐藏他们直接的负性感受而表现在面孔上。美、日被试者的表情显示很不一致。

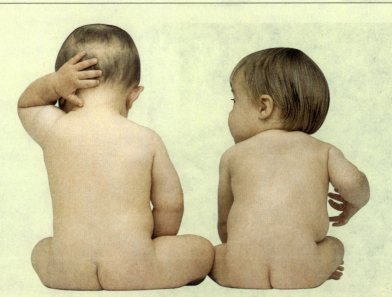

实验报告指出，成人被试者既能辨认同婴儿基本表情一致的成人表情，也能辨认经过社会化了的成人表情，即可证明二者是可以并存的。这些实验证明了面部表情既是普遍的，又有文化差异，二者并存并不矛盾。在不受特定社会习俗影响的场合下，在成人中仍然观察到以生物进化为基础的全人类普遍表情。而社会文化的影响，在社交、礼仪、习俗中又有相对固定化了的表情——情境模式。由于在基本情绪方面具有泛人类的表情模式，情绪心理学家已经作出了婴儿与成人对照、婴儿与黑猩猩对照的基本情绪表情模式。通过许多对照研究，已经得到了成人的和婴儿的标准的表情模式供人在研究中对照使用。

（四）面部表情是最敏感的情绪发生器和显示器

面部表情是由躯体神经系统支配的骨骼肌肉系统的随意运动实现的。但情绪的发生不是面部肌肉运动这一成分单独的整合结果。面部表情是整个情绪过程的有机组成部分：脑的各级水平及各系统的神经活动，横纹肌的面部肌肉运动反应及面部脑反馈，以及情绪的主观体验这三种成分的整合活动是情绪的完整机制。综合情绪生理学所揭示的脑各部位的情绪机制，可以假设一个情绪过程。

在外界情绪刺激的作用下，皮质进行着有选择、有组织的加工。皮质过程改变着神经刺激的强度和边缘结构的活动

模式。由皮质和丘脑传导的冲动支配着下丘脑。下丘脑是情绪的重要中枢，它储存着基本情绪的先天模式，还对情绪的分化起重要的作用。与此同时，皮质过程从皮质运动区通过颜面神经引起面部具体的肌肉运动模式。面部肌肉受纳器的冲动经三叉神经通过后部下丘脑反馈到皮质感觉区。皮质感觉区组织由面部反馈而来的神经信息在皮质运动区进行调节，这时进行的皮质整合活动产生情绪的主观体验。

在这一情绪过程中，面部肌肉运动是最敏感的一环。这是由于面部具有十分敏感的受纳器，面部神经的分化十分精细。由颜面神经传递的冲动而刺激面部血管所引起的反应，能激活面部受纳器迅速地发出肌肉运动反应。然后由面部肌肉运动的反馈所产生的皮质整合，也就是对表情的觉知是先天程序化的主观体验。

在比较面部肌肉运动和由自主神经系统支配的身体内脏活动在情绪发生中的作用时，可以肯定，自主神经系统的活动是情绪过程不可缺少的环节。一种情绪一旦被激活，整个生命系统都被卷入。但是与面部肌肉反应比较起来，身体过程的反应是缓慢的。这一点早在坎农批评詹姆斯时就指出了。汤姆金斯也强调指出，由于面部肌肉神经分化远比内脏来得精细，面部活动和反馈远比内脏活动来得快，内脏活动在情绪中只起第二位的作用，它只对面部反应提供背景和成为伴随物。伊扎德总结为，内脏活动对情绪起支持和延续的作用，他把内脏功能看作情绪过程的辅助系统。汤姆金斯在这个比较中强调，一种具体情绪就是一种具体的面部表情，对表情的意识就是情绪的主观体验。

达尔文在《人类和动物的表情》一书中指出，现代人类的表情和姿势是人类祖先表情动作的遗迹，这些表情动作最初具有适应意义。因此，以后就成为遗传的东西而被保存下来，例如，愤怒时咬牙切齿、鼻孔张大的表情是人类祖先在行将到来的搏斗中的适应动作。正因为表情有其生物学根源，所以许多最基本

的情绪，如喜、怒、哀、乐等原始表情是具有全人类性的。

人的表情形成分两个大类：一是常态表情、自然貌，天生一种笑貌或怒貌，嬉笑貌或严肃貌。二是由于多种心理感情支配瞬间产生的喜怒哀乐，然而这种表情不可避免地影响到行使相貌工作，所以要读懂表情的意义，我们必须要认识这种反映心里感情的表情变化。

几种基本表情的描述 >

在达尔文《人类和动物的表情》一书的基础上，当代的心理学家对表情进行了进一步的研究，我们现在一般讲面部表情可以分为以下几种基本类型：

1. 愉快的表情

A. 微笑：眼稍半闭拢，下睑吊起，外眦附近两三条皱纹，鼻唇沟弯曲，口唇微开，能见上齿，口角微向上抬，口部外皮有两三条弯曲皱纹。

B. 大笑：头略上仰，眉上升，额部微现皱纹，眼几乎合拢，口张开，上下齿分离，可见下齿，鼻唇沟弯曲并加深，下睑沟、鼻梁侧方及额上部显出皱纹。

C. 乐极：头向后仰，眼全闭拢，口大张，上下齿分离较远，鼻唇沟更加深。

2. 悲苦的表情

A. 烦恼：眉紧皱，眉间出现纵向皱纹，眼向下望，上下唇收缩。

B. 悲哀：睑无力下垂，眼向下望，鼻翼扩张、鼻唇沟下部稍向内弯，上下唇放松，口裂微开，口角微向下。

C. 痛苦：头颈软弱倾斜，眉梢向下，睑无力下垂，眼向下望，鼻唇沟加深下部向内侧弯曲，口角向下，下颌放松，口微开。

3. 正直的表情

A. 仇视：头稍低屈，眼有力向上望，鼻扩张，鼻唇沟加深下部有力向内弯曲，上下唇用力收缩，口角现弯曲皱纹。

B. 指责：眼大张，用力前望，眼球稍显突出，白膜稍带红色，鼻翼扩张，面部肌肉收缩，额部及颈部线静脉显于外表。

C. 反抗：头有力转向对象并向上昂起，眼大张，用力向侧上方望，鼻翼扩张，上下唇收缩。

4. 丑恶的表情

A. 嫉妒：头稍向侧方倾斜，眼向侧方有力偷看，鼻唇沟下部弯曲，口闭紧。

B. 伪善：头稍低，眉上抬，额部现皱纹，眼半闭，下睑吊起，鼻翼压低，鼻梁两侧出现纵向皱纹，鼻唇沟加深中部弯曲，口角向上，口张开，仅见上齿，强作笑容。

C. 乞怜：头倾向上仰，眉皱起上抬，额部及眉间纵横皱纹加深，下睑吊起，眼无力向上望，鼻唇沟加深下部弯曲，口张开，口角向下。

5. 思考的表情

A. 注意：头略向上抬，面向对象，眉略上举，额部出现轻度皱纹，眼张开前望，眼光固定，口微开。

B. 考虑：头稍低屈，额部出现轻度皱纹，眉皱紧，眉间出现纵向皱纹，眼向前下方望，口闭紧。

C. 回忆：头斜向上仰，眉上抬，额部现皱纹，眼斜向上望，上下唇及下颌放松，口微开。

6. 惊惧的表情

A. 惊异：头稍前伸，眉略皱紧上抬，头部及眉间现轻度皱纹，眼有力前望，鼻翼扩张，口裂收缩。

B. 惊愕：头稍上抬并后收，眉略皱紧上昂，额部

及眉间纵横纹加深，眼张开有力前望，鼻翼扩张，口有力张开仅见下齿，口角向下，鼻唇沟下部弯曲。

C. 恐怖：眉头更上昂，眉梢向下，眉毛竖起，额部横纹加深，眼大大张开，眼球突出，四周露出白膜，上下睑沟加深，鼻翼扩张，口裂放松张开，仅见下齿，面色苍白，额部及颈部线静脉显于外表。

7. 敬慕的表情

A. 盼望：头斜向上仰，眼向侧上方望，下睑吊起，鼻唇沟弯曲，口微开，可见上齿。

B. 景仰：头向对象上仰，眉上抬，眼向前上方注视，口微开，面带微笑。

C. 爱慕：头伸前微向上昂或斜侧向对象，额部有皱纹，眉上抬，眼向对象，上睑垂下略蔽虹膜，下睑吊起，鼻唇沟中部弯曲，口微张开，只见上齿，颊部现两三条弯曲皱纹。

8. 厌恶的表情

A. 嘲笑：额部有浅的皱纹，眉头上升，下睑吊起，眼斜视对象，鼻翼扩张，鼻唇沟弯曲，口微张开，口角向下。

B. 鄙视：头斜向上仰，眼斜向下望，上睑略蔽虹膜，口角向下，鼻唇沟微弯。

C. 嫌恶：眉紧皱，眉间有纵横皱纹，眉头压低，眼斜视对象，鼻翼扩张，口裂收缩，口角稍向下。

这些看似简单的描述，实际上是一个非常复杂的综合信息体，我们往往需要通过对各个部分信息进行整合，才能最终得到一个真实可靠的答案。

最具亲和力的表情——微笑 〉

关于微笑的科学研究纪录最早始于19世纪。当时,法国科学家纪尧姆·杜胥内·德·波洛涅利用电诊法和电流刺激来区分发自肺腑的会心微笑与其他种类的笑容。他通过对那些断头台下身首异处的人们的头颅进行分析来研究面部肌肉收缩的方式。杜胥内从不同的角度拉扯人的面部肌肉,从而对面部肌肉及因其收缩而引发的各种笑容进行归类。他发现,人的笑容是由两套肌肉组织控制的:以颧肌为主的肌肉组织可以使嘴巴微咧,双唇后扯,露出牙齿,面颊提升,然后再将笑容扯到眼角上;而眼轮匝肌可以通过收缩眼部周围的肌肉使眼睛变小,眼角出现皱褶,即我们常说的"鱼尾纹"。

了解这些肌肉组织的功能对我们正确理解他人的笑容十分重要。因为,以颧肌为主的肌肉组织是受我们的意识控制。换句话说,当我们想让自己看起来友好或谦恭时,即使没有让我们快乐的事情发生,我们也可以有意识地命令这部分肌肉收缩,制造出一种虚假的笑容。不过,眼部周围的眼轮匝肌的收缩却是完全独立于我们意识之外的,所以,它呈现出来的一定是发自肺腑的真心笑容。

假如你想知道对方的笑容是否真诚,首先就应该观察他的眼睛,观察他的眼角是否有"鱼尾纹"。因为开心而发

33

出的笑容不仅会使双唇后扯，嘴角上提，而且还会同时带动眼部周围肌肉的收缩，而敷衍或虚假的笑容则只能引起双唇四周肌肉的收缩。

你能分辨出哪些笑容才是真心的吗？虚假的笑容只能使嘴角上提，而真心的笑容会同时引起嘴部与眼部肌肉的收缩。科学家们可以通过一套被称为脸部动作编码系统来区分真假笑容，而发明这套系统的正是加利福尼亚大学的保罗·埃克曼教授与肯塔基州大学的华莱士·V·法尔森博士。真心的笑容是一种下意识的面部动作，不受大脑的控制，而这就意味着真笑是肌肉自主运动的结果。当你感到快乐的时候，这一信号便会传送至大脑调控情感的区域，产生出一种舒心愉悦的情感。这种情感使你的嘴部肌肉收缩，双唇微咧，面颊提升，同时眼部也会因为肌肉的收缩而产生细纹，眉毛也随之微微下沉，会心的笑容由此产生。

在某些夸张的假笑中，眼睛周围同样会出现细纹，因为颧肌肌肉群的完全收缩可以导致眼轮匝肌收缩。当颧骨处的肌肉收缩至一团时，眼部四周会因为颧肌的挤压而产生细纹，看起来就像是真笑。不过，我们可以通过笑容的某些特征来区分这种以假乱真的笑容和真笑。当我们因为开心而面露笑容时，眉毛与眼睑之间的部分眼皮会向下移动，而眉尾也会随之微微下沉。

微笑和大笑通常被认为是一种展示幸福与开心的信号。我们都是哭着来到这个世界的，不过，5周以后我们就学会了微笑，而4至5个月之后，我们就会用大笑来表示自己的情感。婴儿们很快就知道，哭泣可以吸引我们的注意，而微笑则会让我们留在他的身边。一项针对人类近亲黑猩猩所展开的研究显示，其实微笑的功能并不仅止于此，它还有更深层次的基本作用。

为了恫吓对方，猿猴会露出自己的下齿，以此警告对方；如若不然，它将以牙还击。当遇到同样的情况时，人类也会做出极其类似的行为，收缩嘴四周的肌肉，使原本遮住下齿的下唇下沉，露出下齿。黑猩猩的笑容分为两种：一种是较为温和的表情，猩猩们通常用这种表情来向其统治者表达自己的恭顺之情。在露出这种笑容时，即"敬畏的表情"，猩猩的下颌张开，将牙齿露了出来，而嘴角则自然地向后拉伸，与人类的微笑十分相似。

另一种笑容则是"嬉戏的表情"——牙齿外露，嘴角和眼角都略微向上提升，喉咙里同时发出各种叫声，与人类大笑时的情景很相似。以上的两种表情都是猩猩们用来表示自己恭顺之意的方法。第一种笑容其实是在告诉对方"我不会对你造成任何威胁，因为正如你所看到的，我很怕你"，而另一种笑容则是想说"我不会对你造成任何威胁，因为正如你所看到的，我不过是个贪玩的孩子"。

当猩猩受到攻击或受伤时，因为焦虑和害怕，也会流露出同样的表情。在这样的情况下，颧肌为主的肌肉群会收缩，使嘴角水平后移或下沉，而眼轮匝肌却不会有任何动作。当一个人在拥挤的街

37

道上行走，差点命丧于车轮之下时，他也会因为紧张而流露出同样的表情，因为这是一种害怕的自然反应。这个人会咧嘴笑笑，然后说："呀，我差一点就去见上帝了！"

对人类而言，微笑的作用其实与灵长类动物笑容的功能无异。我们利用微笑告诉其他人，自己不会给他们带来任何伤害，希望他们能够从私人的角度接受自己。

像弗拉基米尔·普京、詹姆斯·卡格尼、克林特·伊斯特伍德和玛格丽特·撒切尔以及查尔斯·布朗森这些强权人士，正是因为不苟言笑，才会常常让人感觉其野心勃勃，或是看起来显得严厉肃穆。他们的笑容可谓是难得一见。其实，他们这样做只不过是想让自己看起来更加威严。

法庭里的一项研究表明，法官往往会轻判那些辩护时面带微笑的犯人，而那些辩护时面无表情的犯人则享受不到这一优待。

微笑最显著的特征就是它的感染力。当你向某人微笑时，无论真假，对方都会自然地回馈给你一个甜美的微笑。

瑞典乌普萨拉大学的伍夫·丁柏格教授做了一项实验，向我们揭示了潜意识究竟是如何控制我们的面部肌肉进行运动的。实验中，丁伯格教授让120名志愿者观看一些画有开心和愤怒表情的图片，并且记录下他们面部肌肉的各种动作，然后借助于仪器，最终获得了各种由肌肉纤维所发出的电子信号。在实验中，志愿者按照工作人员的要求，对他们所见到的图片作出皱眉、微笑或面无表情等各种面部动作。有时候，他们作出的面部动作与见到的图片中的表情恰好相反，如面对微笑时皱眉，或是以微笑面对图片中的那个眉头紧蹙的人。实验结果显示，志愿者们都无法完全自如地控制自己的面部肌肉。如果图片中是一个愤怒的男人，志愿者们很容易就能作出皱眉愤怒的表情，然而，同样情况下，要想面露微笑就显得有些困难了。虽然志愿者们都竭尽

41

全力，想控制住自己面对这些图片时所产生的自然反应，但是面部肌肉的动作却出卖了他们的真实想法。即使是有意地克制，他们也还是会作出与所见表情相似的面部动作。

英国伦敦学院的鲁斯·坎贝尔教授认为，我们的大脑里有一种"反射神经元"。它不仅可以促使大脑识别面部表情和动作，而且还能够向面部肌肉发出指令，作出与所见表情相似的面部动作。换言之，无论是否意识到这一动作的发生，我们将会自动地在脸上复制出见到的任何表情。

这也就解释了为何微笑会具有如此大的魔力，为何你需要常常以笑脸示人，即使是在不情愿的情况下也不例外。因为你的笑容将会直接影响他人对你的看法，并且决定对方回应你的方式。

当你向他人露出笑容的同时，对方通常都会回以一个同样灿烂的笑脸。如

此一来，出于因果效应的作用，双方心中便都会自然生出一种对对方的好感。研究证实，会面时，双方如果都面露笑容，就能够使绝大多数的会谈进行得更加顺利，会谈的时间也会相对延长，而且会谈最后通常也能获得对双方更加有利的结果，使双方关系更进一步。而想获得这一切，你需要做的就是慷慨地展露自己的笑脸，并且让微笑成为自己的一种生活习惯。

最后，要告诉大家的是，有迹象表明，微笑和笑声能够建立起一道天然的免疫屏障，帮助我们的身体对抗外来的各种疾病，促进伤病的痊愈。除此之外，微笑还是我们生活和工作的好伙伴，能够帮助我们推销自己的各种观点和想法，为我们赢得更多的朋友，使我们的生活更加多姿多彩。请记住，幽默是解决一切问题的万应良药。

> ## 日本人的微笑

人们都说微笑是最美好的语言，但是在某些特定的文化背景下，微笑也许只是挂在脸上的一张面具，并不一定带有美好的意义。

日本籍的英国血统文学家小泉八云，在题为《日本人的微笑》的随笔中描述道："日本人即使临死时也能莞尔一笑。平时，他们的脸上总是挂着笑容，这种微笑，没有伪善，没有反抗，同人们经常联想到的那种性格软弱的病态微笑也没有关系。它是一种竭尽心力，长时间培养成的一种品质，是一种无声的语言，如果用西方式的脸部表情来解释这种微笑，不管作何努力，都不会得出正确的结论。"

这种微笑在一般场合给人的印象是优美和愉快的。它最初的感染力十分强烈并富有魅力，使得对方过了一些时候才醒悟过来。在特殊场合，如目睹者正处于痛苦、害羞或颓丧时，他会觉得这种微笑是奥妙的，带有哄骗性的，甚至会因此而恼怒。

每个自重的日本人，都必须有自我克制的品格，这也是他们对自身名誉的"义理"之一。妇女分娩时不能大哭大叫，男人面对痛苦和危险必须沉着稳重。当洪水袭击日本村庄时，每个自重的人都不能大呼小叫，东奔西窜，而是要毫无恐惧地尽快收拾好必需品，然后奔向高处去避难。

日本人总是面带微笑，最初令他十分不解，渐渐地他终于明白，微笑是一种礼仪，是一种友好，是一种修养。日本人不仅平时总是面带微笑，就连面对亲人死亡也面带微笑，而且笑容里没有半点造作和伪善。"

当然亲人去世，任何一个国家的人都会悲痛万分，日本人当然也不例外。但日本人认为微笑是对对方的尊重，就像说"你好"、"再见"一样属于寒暄语中的肢体语言。

到别人家做客或者出席各种晚会，人们要打扮一下，穿得好一些，是表示对该项活动的重视和对邀请人的尊重。在日本，向人微笑也包含着这样一层意思。如果满脸乌云，冷若冰霜，不管你心里是

为了什么，但看见你脸色的却是和问题毫不相干的人。这种不健康的情绪会影响接触你的人，这样既显得你没有修养，也会影响你与他人的关系。

在日本，微笑一是证明自己有修养，二是维系人际关系。当然，微笑还可以减少心理压力。日本人在格外高兴，如演员获奖等场合不笑，会哭会流泪，那是欢乐的泪，也会给周围人带来快乐。但是日本人在悲伤时却不能把坏情绪传染给别人，这一点与我们中国人有很大不同。

要提起能具体说明日本人是怎样把悲伤压在心底，把微笑送给别人的故事，莫过于近代作家芥川龙之介（1892—1927）的短篇小说《手帕》了。芥川不愧是日本大正文坛上的"鬼才"，他能把日本人深层的心理恰到好处地变成文字展现给人们。

《手帕》写的是一位东京大学学生的母亲去拜访她儿子的恩师长谷川教授的故事。那名学生学习期间曾得到该教授的赏识，住院期间教授又几次去医院探望。后来那位学生终于因医治无效而赴黄泉。葬礼过后，死者母亲来到教授家中，对教授给予自己儿子的照顾表示感谢。教授当然不认识这位母亲，只觉得她气质高雅，谈吐不俗。教授坐在椅子上摇着扇子，家长在桌子对面笑容可掬地边回忆爱子生前的点点滴滴边感谢老师。看上去好像死去的不是自己的爱子，而是一个与自己毫不相干的别人。无论是表情还是语气，都没有一丝一毫的悲伤之感。谈着谈着，教授一不留神将扇子掉在地上。当弯下腰捡扇子那一瞬间，教授惊呆了！那位夫人下半身在剧烈地颤抖，两只手紧紧握着手帕的两端，几乎要把手帕撕成两半。她被桌子挡住的下半身在哭，而上半身却在微笑。

文学作品当然不是史实，但它却是真实社会的反映，是对社会的真实描写，是生活的缩影和写照。这篇小说不仅说明了日本人如何克制自我感情，也说明了什么是武士道精神。所以长谷川教授暗暗称赞那位夫人具有武士一样的精神和心理素质。

"皮笑肉不笑"、"笑不发自内心"、"笑只是礼仪"，这都是日本人的特点。日本人永远不想把自己的悲伤和伤感情绪带给别人，给他人增加麻烦。

"不得不说"的秘密——表情篇 >

因为肢体语言通常是一个人下意识的举动,所以它很少具有欺骗性。而面部表情是肢体语言非常重要的一个组成部分,学会分辨人的面部表情,那么你也就找到了识别真相的钥匙。

美国心理学家保罗·艾克曼钻研面部表情与内心真相的关系40年,成绩斐然,学界封他为"人面教皇",加拿大心理学家多易居说,地球上大概没有比他更高明的识谎专家了。

艾克曼和同僚拍摄了数千个主题的面部表情与内心感情不一的影片,然后精确地分析各个主题人物面部哪些肌肉挤压在一起,挤压的激烈程度如何,次序为何,为时又多久,再一一与内心感情对照,结果发现许多微妙的征象,例如仅仅微笑他就可分为50种类,每一种混杂哪些感情他都有办法分辨出来。

通常说谎的人有两个方法达到目的:第一,戴上笑容等面具,希望心中的恨被脸上愉悦的笑容掩盖住;第二,采用"演员伎俩",先回想愉快的经验,希望脸部表情可以"配合",把心中的恨压抑住。如果"演戏"成功,要识破他们撒谎岂不更加困难了?

艾克曼"穷追不舍"的钻研突破了这层困难。他发现,压抑真感情无法完整为之,因为感情不是意愿可以控制的,总会有"漏洞"将它显现出来。他说,不自主的反应是真感情的最佳指标,例如,人真正悲伤的时候,嘴唇的角落都会不自主地往下垂,大约只有1/10的人可以控制嘴角的肌肉,一般人要假装悲伤得练习好几百个小时才装得出来。反之,心里悲伤又要强作笑容,也很难把下垂的嘴唇摆成别的样子。

瞬间的面部表情变化确实能透露出

一个人是否在说谎吗?

保罗·艾克曼在给一群接受培训的年轻精神病学家做演讲时,有人向他提出一个疑问,从此他一直忙着寻找这个问题的答案。这群人显然想知道,假如你在一个精神病院工作,来此住院的一名患者曾试图自杀,当这名患者问你:"现在我感觉好多了,我能否出去过个周末呢?"你该怎么办?当然你也清楚,精神病患者经常会提出类似问题,但是如果你准许他们暂时离开医院,一些人就会趁机自杀。不过这群特殊的患者往往会

发誓说,他们说的都是真话。他们看起来非常诚实,他的话听起来也没有撒谎的味道。面对这种情况,你是否有办法判断出他们所说的到底是真话还是假话呢?

这个问题让艾克曼陷入深深的思考。作为研究的一部分,他已经录制了跟该院的众多精神病患者进行的12分钟交谈场面。在后来的一次交谈中,一名患者告诉他,她曾向他撒谎。听到这些,艾克曼耐心坐下来,开始仔细查看以前的录像。第一遍他从中并没发现什么异常,于是他放慢录像的播放速度,一遍又一遍,

一遍没收获，他就会以更慢的速度播放。突然之间，就在两帧从他眼前飞过时，他看到那名患者脸上表现出来的非常鲜明、强烈的痛苦表情，这个表情持续时间不到1/15秒。但是自从他发现这个异样表情后，他又在同一个交谈录像中发现另外三处可以说明患者在撒谎的例子。艾克曼说："这就是发现微表情的过程，它们是在瞬间发生的非常强烈的隐藏表情。"

在接下来的40年里，艾克曼在加利福尼亚大学旧金山分校的精神病学系成功证实了由查尔斯·达尔文提出的主张：人类表达愤怒、厌恶、满足、恐惧、惊讶、快乐和悲伤的表情是与生俱来的，是跨文化，跨领域，全球皆准的。从美国到日本，从巴西到巴布亚新几内亚，无论哪种语言与文化，这7种基本情绪引发的面部肌肉变化大致是一样的。而且，情绪的表达是下意识的，基本上难以抑制或隐瞒。当然，我们也可以试一试。但是当我们撒谎时，强烈情绪引发的微表情会快速从我们面部飞掠而过，我们根本来不及阻止它们。对撒谎的人来说比较幸运的是，有99%的人看不到这些表达内心痛苦的转瞬即逝的信号，在参与艾克曼的实验

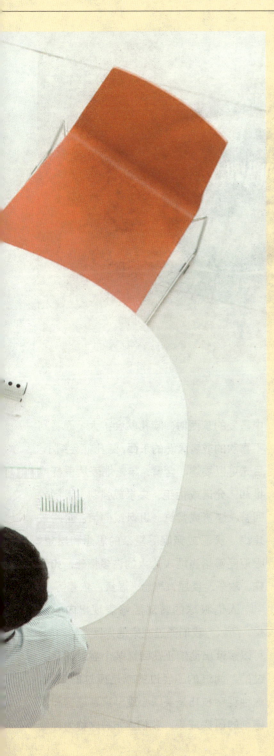

的15000人中，仅有50人能在没接受培训的情况下看出来。他将这些人称之为"天才"。

但是艾克曼表示，只要接受一些训练，几乎所有人都能掌握这种技巧。他应该知道，自从20世纪80年代中期以来，他最广为人知的著作《撒谎》第一次发行以来，他就经常接到联邦调查局、中央情报局、美国交通安全局、移民局、反恐侦查员和世界各国警方的邀请，他们邀请艾克曼的目的除了协助破案以外，更主要的是教他们如何利用这项技术。他还开设了研讨会，专门教授辩护律师、控方律师、健康专家、扑克玩家、甚至对配偶心怀猜忌的人识破谎言。另外他还制作了网络课程，在一张价值20美元的CD光盘或是12美元的网络课程帮助下，你很快也能学会识别人们什么时候在撒谎。学会寻找面部表情中的"热点"，是破译密码的第一步。

在谈话中，说话者面部表情与其想法不一致时，就会出现"热点"，这些"热点"往往稍纵即逝，但"热点"并不代表说谎。它们的意义是告诉聆听者"这里可能有问题要深究。"

• 眼

眼睛是心灵的窗户，能够最直接、最完整、最深刻、最丰富地表现人的精神状态和内心活动，它能够冲破习俗的约束，自由地沟通彼此的心灵，能够创造无形的、适宜的情绪气氛，代替词汇贫乏的表达，促成无声的对话，使两颗心相互进行神秘的、直接的窥探。眼睛通常是情感的第一个自发表达者，通过眼睛可以看出一个人是欢乐还是忧伤，是烦恼还是悠闲，是厌恶还是喜欢。从眼神中有时可以判断一个人的心是坦然还是心虚，是诚恳还是伪善：正眼视人，显得坦诚；躲避视线，显得心虚；乜斜着眼，显得轻佻。眼睛的瞳孔可以反映人的心理变化：当人看到有趣的或者心中喜爱的东西时，瞳孔就会扩大；而看到不喜欢的或者厌恶的东西，瞳孔就会缩小。目光可以委婉、含蓄、丰富地表达爱抚或推却、允诺或拒绝、央求或强制、讯问或回答、谴责或赞许、讥讽或同情、企盼或焦虑、厌恶或亲昵等复杂的思想和愿望。眼泪能够恰当地表达人的许多情感，如悲痛、欢乐、委屈、思念、温柔、依赖等。

人们眼球的转动能够表现出内心所想，所以，我们通过观察他人目光的动向，可以解读出他们正在回忆某个看过的、听过的、闻过的、尝过的或是摸过的东西。这种观察技巧是美国心理学家葛瑞德和班德勒的研究成果。我们通常将之称为神经语言程序学。

简而言之，如果一个人正在回忆某个看过的东西，他的目光会投向上方。如果是在回忆某个听过的声音，他的目光会投向侧面，同时脑袋略微倾斜，作出一副仿佛在聆听的样子。如果他正在回味某种感觉或是情绪，他会把目光投向右下方。如果他仅仅只是在内心里自言自语，他的目光就会投向左下方。

但是，由于这种目光的转向往往是在瞬间发生，同时又还伴随着其他手势，所以我们很难对这些信号进行实时的解读。

• 眉

眉间的肌肉皱纹能够表达人的情感变化。柳眉倒竖表示愤怒，横眉冷对表示敌意，挤眉弄眼表示戏谑，低眉顺眼表示顺从，扬眉吐气表示畅快，眉头舒展表示宽慰，喜上眉梢表示愉悦。

轻抬眉毛是在距离稍远处向人打招呼的姿势，从远古时代开始就广泛地被使用。这个动作的含义不仅通行于全世界，而且就连猴子和猩猩也会用这个动作打招呼，由此可见轻抬眉毛的动作是天生的。把眉毛快速地轻轻一抬，瞬间后又回复原位，

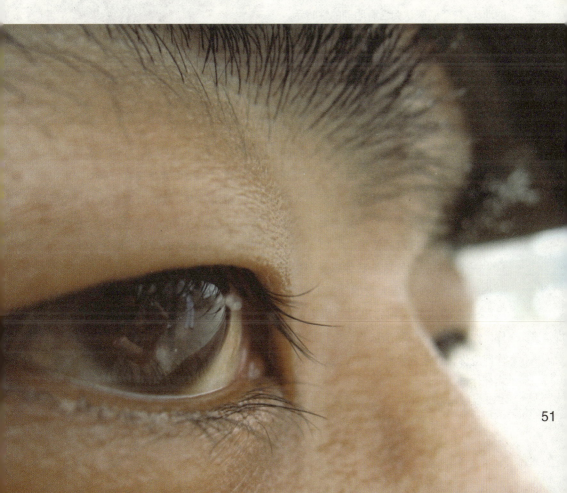

这个动作是为了把别人的注意力引到自己的脸上，让人家明白自己正在向他问好。这个姿势只有日本文化不予接受。在日本人眼里，这是一个不合礼仪而且非常粗鲁的动作，甚至还被认为含有明确的性暗示。

对看到的人轻抬眉毛，是一种下意识的反应。这表示你对出现在面前的这个人持有首肯的态度。而且这个动作很可能与惊讶和害怕的情绪相关，就仿佛你在说"见到您真是让我又惊又怕"，也可以理解为"我非常敬畏您，并且对您很有轻抬眉毛的好感"。我们不会对擦肩而过的陌生人以及自己讨厌的人作出这个动作。如果别人在见到你的一刹那没有对你轻抬眉毛，那就表示他可能怀有挑衅的情绪。

一个简单的实验就会让你感受到这个动作的魔力：在酒店大堂的沙发上坐着，对每一个路过的人都作出轻抬眉毛的动作，你会发现不仅所有人都会以相同的动作回应你，甚至还会有一些人主动走过来和你搭话。

为了向他人表示自己的威严或者攻击

性，人们常常会作出压低眉毛的动作。反之，提升眉毛的动作则是顺从谦恭的表现。某些种类的猩猩和猴子也会用这些动作表示相同的含义。通常情况下有意提升眉毛的动作会带来一种顺从的感觉，而常常有意压低眉毛的人则会被认为具有相当的侵略性，在这一点上猩猩和人类的感觉完全一样。

• 嘴

嘴部表情主要体现在口形变化上。伤心时嘴角下撇，欢快时嘴角提升，委屈时撅起嘴巴，惊讶时张口结舌，怨恨时咬牙切齿，忍耐痛苦时咬住下唇。

紧闭双唇的愤怒表情中，嘴部形态直接取决于三束肌肉：口轮匝肌、降口角肌和颏肌。这三束肌肉有着共同的作用，那就是在收缩的时候能让嘴唇挤在一起。而提上唇肌和降下唇肌是用来张开嘴唇的，在闭嘴的动作中没有参与收缩动作。表达否认（勉强、为难、悲情）的撅嘴，是颏

肌和降口角肌共同收缩的结果，口轮
匝肌保持松弛。但如果口轮匝肌也
参与收缩，则会增加嘴唇闭合的力
度，轻则表示不悦，重则使本来的
否认意义更加强烈，成为抑制的愤
怒形态，说明心中已经不再是勉强、
为难之类的犹豫了，还得加上更大的
力量，才能管得住那种进攻的冲动。

• 鼻

厌恶时耸起鼻子，轻蔑
时嗤之以鼻，愤怒时鼻孔张
大，鼻翼抖动；紧张时鼻腔
收缩，屏息敛气。

• 脸

面部肌肉松弛表明心情愉快、
轻松、舒畅，肌肉紧张表明痛苦、严
峻、严肃。

一般来说，面部各个器官是一
个有机整体，协调一致地表达出同一
种情感。当人感到尴尬、有难言之隐
或想有所掩饰时，其五官将出现复杂
而不和谐的表情。

53

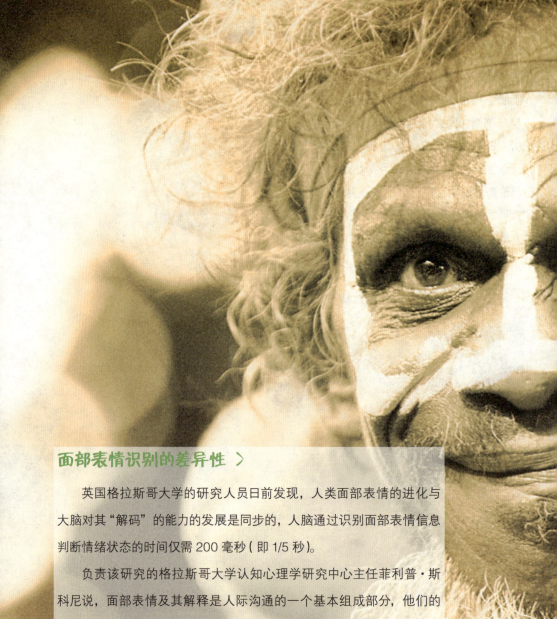

面部表情识别的差异性 〉

英国格拉斯哥大学的研究人员日前发现，人类面部表情的进化与大脑对其"解码"的能力的发展是同步的，人脑通过识别面部表情信息判断情绪状态的时间仅需 200 毫秒（即 1/5 秒）。

负责该研究的格拉斯哥大学认知心理学研究中心主任菲利普·斯科尼说，面部表情及其解释是人际沟通的一个基本组成部分，他们的研究揭示了大脑通过面部表情变化来进行社交判断的过程。研究发现，人类最基本的面部表情有 6 种，分别为：高兴、恐惧、惊讶、厌恶、愤怒和悲伤。经过进化后所有的这些表情都各具特色，极易被大脑区分。而面部表情的进化与大脑对其"解码"的能力的发展几乎同步。随着研究的深入和数据量的增加，研究人员还发现了大脑如何使用不同表情来表达情绪以及识别每种表情所需要的时间。

一个多世纪以来，很多人类学家和进化论心理学家一直认为，所有的人类都通过相同的方式来表达基本的感情，正如在每个地方，一个微笑、一次皱眉的意思是相同的，至少不会差很多。

不过，一项关于人们对计算机生成面孔的认知的最新研究显示，面部表情可能并非全球通用，我们的文化强烈地影响着我们解读和表达情感的方式。

为验证达尔文在《人类和动物表情绪》一书中提出的6种情绪类型是否具有真正的普适性，来自英国格拉斯哥大学的心理学家罗切尔·杰克和同事，利用一个计算机程序创建了带有4800种表情的虚拟面孔。一半表情通过西方白人的面孔呈现，另一半则通过东亚人的面孔呈现。

随后，杰克的团队让志愿者们来决

定这些面孔表达的是何种情绪（如果有的话）。研究人员测试了15位新近到达的东亚移民，并通过一项调查来确保受试者未跟西方人相处很久。他们还招募了15位西方白人作为对照组。

对于4800个面孔的任何一个，受试者可以从达尔文的6种基本情绪类型中选择一种，并根据最高5分来评定表情的强度。如果达尔文所说的基本情绪是普适的，那么所有的受试者应该会将相同的面孔与相同的情绪匹配起来。

杰克团队的发现却并非如此。对于西方白人，达尔文的6种基本情绪表达，无论在类型还是强度上，均和测试数据所揭示的相符。但是，来自东亚的受试者并未以相同的方式来认知这些面孔。

4月16日，研究团队在美国《国家科学院院刊》上发表了此发现。他们认为，微笑的含义对所有人都是相同的，但东亚受试者的反应没有形成明确的类型，尤其是针对那些表达惊奇、恐惧、厌恶和气愤的面孔。杰克推测说，对于东亚人，他们的面部表情建立在其他基本情绪上，诸如耻辱、骄傲或者负罪感。

美国热播剧《别对我撒谎》

美国福克斯电视网的鲁珀特·默多克的系列电视剧《别对我撒谎》就是根据艾克曼的《撒谎》一书改编的，该片在英国天空1电视台首播。英国演员蒂姆·罗思饰演"卡尔·莱特曼博士，世界顶级侦探家、科学家，通过研究面部表情和下意识的肢体语言，不仅能看出你是否在撒谎，而且还能看出你为什么要撒谎。"他比任何测谎仪都更加准确，天空的宣传广告称，莱特曼是"一个人类测谎仪"。

这部电视系列剧有几个与众不同的方面。据艾克曼所知，这是第一部商业电视剧仅仅基于一位科学家的研究。而且艾克曼还参与了该剧的创作，他除了参与讨论剧情，为确保每个剧本准确无误，连续5次校对脚本外，还给演员们寄来他亲自扮出的特殊表情视频。艾克曼承认，当电影和电视制片人布莱恩·葛瑞泽（《24小时》和《福斯特对话

尼克松》的负责人）刚与他接触，表示要把他的毕生研究拍成一部电视剧时，他确实抱着怀疑态度。他说："如果我能阻止他，我会那样做。我担心这部连续剧会产生犯罪现场调查效应，或者引发一种错误期望。有一天，可能陪审团里的一些人会根据《别对我撒谎》里提到的技巧冤枉某人。"

葛瑞泽和这部电视剧的编剧塞缪尔·鲍姆凭借明确严肃的意图，赢得了艾克曼的支持，他们在跟艾克曼讨论这个科学顾问一角时，艾克曼认为他应该是一个事必亲躬的科学家。据他估计，这部连续剧中"大约有80%—90%是正确无误的，他们在试播节目中使用了18个事例，其中只有2例是错误的。但你必须清楚这只是一部电视剧，并不是一部纪录片。莱特曼破案的速度和准确程度都超过了现实生活。"为了确保他的科学声誉不

Lie to me*

致受损，艾克曼在美国每播一集后，都会在该剧的网站上写一篇博文。这些博文的名称是《关于"别对我撒谎"的真相》，他通过该文对每个故事情节进行解析，探索一些细微差别，强调事实上应该是什么样子，对电视剧的戏剧效果进行了修饰。

艾克曼指出，虽然这部电视剧是根据他的研究改编的，但是莱特曼并不是他本人。他说："首先莱特曼是一名英国人，而且他比我更年轻，更加傲慢。他做了一些我永远也不会做的事，例如为了引出真相，他自己都对人撒谎。虽然美国联邦最高法院已经裁定这是可行的，但我永远都不会赞同这种做法。"顺便说一句，艾克曼自称是"一个糟糕的说谎者"，他还指出，尽管他通过观察，发现有些人显然比其他人更会撒谎，但他不懂如何教人撒谎。他说："发现谎言的能力与成功撒谎的能力完全是两码事，曾经有人竞选很高职位的人来问我，能不能教教他们，让他们显

得'更可信'。但是我只管测谎，教人撒谎可不是我的本职。"

《别对我撒谎》从 2009 年播出至今已经播放了三季，在第一季推出的时候收视率一路飙红，引得业界的一致好评，同时也引发了一场应用心理学的研究热，香港 TVB 电视剧《读心神探》和大陆娱乐节目《非常了得》中的姜振宇也随着这股热潮而迅速蹿红。本剧更是在当年的各大颁奖大典上出尽风头，分别荣获了第 61 届黄金时段艾美奖 (2009) 和艾美奖其他和技术类奖项——最佳片头设计 (提名)。

但是《别对我撒谎》第二季开始因为角色设置、档期安排和内容缺少惊喜等原因，收视率一路下滑，最终从第一季巅峰时期的 1400 万缩水到后来的 500 万左右，后来该剧被调到停播期播放，也经历过长达半年的停播休整期，第三季的收视率丝毫没有好转的迹象，福克斯最终也下定决心砍掉这部剧集。

● 手势中的丰富含义

手势是沟通中的重要肢体语言之一。在社交中适当使用手势配合口头语言，会起到更佳的交往效果。所谓手势，指的是人的两只手所做的动作。由于手是人身体上最灵活的部位，所以手势是肢体语言中最丰富、最有表现力的。

手掌的表达性 〉

　　在我们用来传递肢体语言信号的各个身体部位当中，手掌是最容易被我们所忽视的，但其作用也是最大的。当我们为他人提供指示或发布命令，以及与他人握手的时候，我们内心的一些想法往往会通过手掌表现出来。只要使用方法得当，使用者完全可以利用手掌的力量，不费丝毫气力，就能悄无声息地达到自己的目的。

　　借助手掌来传达指示的动作主要有3种：手心向上、手心朝下以及有一根手指在外的握拳状。这3种姿势的不同之处我们可以通过下面这个例子来加以理解：比方说，你让某人先

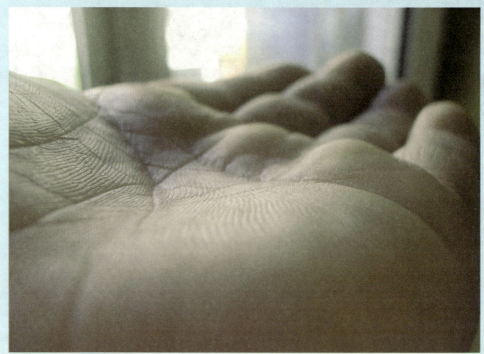

SHEN TI YU YAN DA JIE MI

62

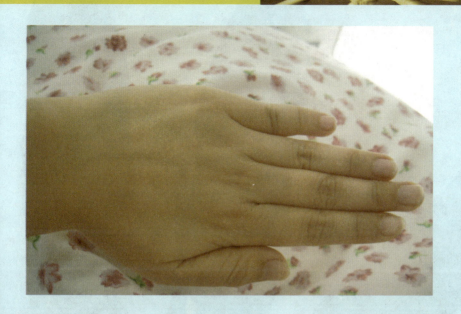

搬起某样东西，然后再将它搬到另一个地方去。让我们想象一下，假如你在传达这两项指令的过程中，你的语音语调，你说的话以及你的面部表情都没有任何变化，只有你手掌的动作在不断地发生改变，那么，事情又会发生怎样的变化呢？

手心向上是一种用来表示妥协、服从和善意的手势；同时，这也是乞丐乞讨时惯用的一种表达哀求之意的动作。从人类社会的发展角度来看，人们通常以此来告知对方：我的手中并没有武器。当你向某人提出移动某物的要求时，对方肯定不会因为你的要求而感到有压力，更不会因此而有被胁迫的感觉。不过，假如你在说话的同时，还配有手部动作，那

情况就大不相同了。如果你希望他人开口说话，你可以向他伸出右手，摆出一个手心向上的手势以示"谈话权的移交"，从而告知对方你希望他能继续你的谈话，而你也已经做好了在接下来的谈话中当听众的准备。

在经历了上千年的演变和发展之后，手心向上这一手势衍生出了不少变体，举起一只手并以手掌示人，以及将手掌按压于心口之上等等就都是这一手势的衍生产品。

不过，一旦你将手掌反过来，摆出手心朝下的手势，你在对方眼中的权威性就会立刻大增。就拿上面那个要求对方搬东西的例子来说吧。当你在说话时使用了手心朝下的手势，对方不仅会马上感觉到你是在命令他将这件东西搬走，而且很有可能会萌生出一种抗拒心理。不过，这种抗拒心理的产生最终还是由你和对方之间的关系，或是你与他在工作中的职位级别来决定的。

假如你和对方的身份和地位平等，当你对他提出这个要求并做出了手心朝下的动作，那么，他可能会拒绝你的要求。但是，同样的要求，如果你使用的是手心向上的手势，他就很有可能会按照你的要求去做。不过，如果你是他的上司，那么手心朝下的手势似乎并不会对你的要求产生任何消极的作用，因为你本来就有凌驾于他之上的权力。

纳粹在敬礼的时候，手臂伸直，而手掌则处于水平的位

65

置,手心完全朝下。这种敬礼方式正是第三帝国作为世界独裁者拥有无上权力的象征。如果阿道夫·希特勒在向下属敬礼时,使用的是手心向上的姿势,那么,估计谁都不会把这个小个子放在眼里。他们很可能只会一笑置之。

当一对夫妻手牵手散步的时候,居于支配地位的一方——通常为男性一方会稍稍走在另一方的前面一点,而他的手也就自然而然地压在了跟在他后面的妻子的手的上方,其手心也就很自然地面朝后方。至于他的妻子,由于位置稍稍靠后,其手心也就会很自然地向前迎合丈夫

朝后展开的手掌了。尽管这只是一个很小的细节,但是对于一名肢体语言观察者而言, 它所提供的信息已经足以让他判断出谁是这家的一家之主了。

第三种手势是合掌伸指。当你将手握成一个拳头,只留出一个手指时,这唯一突出于拳头的手指就仿佛凝聚了整个手掌的全部力量,一触即发。当你在说话的同时将这根手指指向他人的时候,对方马上就会感觉到隐藏在手指背后的那种迫使人妥协的力量。这样的手势往往会在对方的潜意识中制造出一种负面的影响,因为该手势之后必然会伴随有举

臂、挥拳等动作，而对大多数灵长类动物而言，这通常是攻击对方的前奏曲。

这种合拳伸指最容易引发听话人的反感，尤其是当这根手指随着说话人的话语节奏而抖动的时候，这种反感之意就会变得更加强烈。然而，一不留神，我们每个人在说话的时候就会摆出这样的手势。在某些国家，例如在马来西亚和菲律宾，用单独的手指指向他人就是对对方的一种侮辱，因为在当地，这样的手势只会被应用于动物身上。马来西亚人习惯使用拇指来为他人指路或指明对象。

我们日常用的手势有4种：

指引。用以引导来宾、指示方向的手势。其做法是以右手或左手抬到一定高度，五指并拢、掌心向上、以肘部为轴、朝一定方向伸出手臂。

鼓掌。用以表示欢迎、祝贺、支持的一种手势。其做法是以右手掌心向下、有节奏地拍击掌心向上的左掌。

夸奖。用以表扬他人。伸出右手、翘起拇指、指尖向上、指腹面向被称道者。

还有致意（告别）：五指自然并拢，抬起小臂挥一挥；表示无奈：双手摊开等。

除此以外，这里再介绍几种会遇到的手势含义，尤其是不同文化背景下的不同意思，应该加以区别。

身体语言大揭秘

手势无国界性 ›

手指是我们双手中最灵活的部分，我们日常生活中完成的许多事务都离不开我们这纤纤手指。而它们的功用其实远不止于此，在日常表达中，我们的手指也充当了是分重要的角色。

举大拇指手势，在我国，右手或左手握拳，伸出大拇指，表示"好"、"不简单"、"了不起"等，是赞赏、夸奖的含义；在美国、英国、澳大利亚，拇指向上表示"不错"或"行"、拇指朝下是向司机示意搭便车；在希腊，拇指上伸表示"够了"、拇指下伸表示"厌恶"，急速竖起大拇指则表示让对方"滚蛋"；在意大利，表示数字"1"。

举食指手势，将左手或右手握拳，伸直食指是引人注意的手势。在开会时，若想发表意见和看法，可用这个手势；在餐厅等公共场所召唤服务员时也可用。多数国家表示数字"1"；在新加坡是"最重要"；在法国是表示"请求提问"；而在澳大利亚就是"请再来一杯啤酒"。

"V"形手势，用食指和中指向上伸成"V"形状，拇指弯曲压在无名指和小指上。在世界大多数地方是示数"2"；现在较为流行的表示是"胜利"的意思，但要手掌心向外。当手掌向内，就是贬低人、侮辱人的含义了。

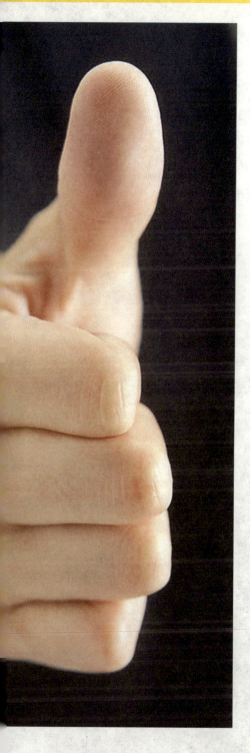

　　"OK"手势，将拇指和食指合成一个圆圈，其余3个指头伸直的手势。在多数国家和地区是伸手示数"0"或"3"的意思；在美国和英国则是"赞同"或"称赞"；在日本、韩国、缅甸又是表示"金钱"；在泰国就表示为"没问题"或"请便"；在法国是"0"或"毫无价值"；在印度就是"正确"或"不错"；而在突尼斯却是表示"傻瓜"；在巴西等南美地区则是"粗俗、下流"；在中东地区指"同性恋"。

　　拍肩或头，只适用于长辈对晚辈、上级对下级，有鼓励的意思。同辈之间使用，表示友情和恳请帮忙。若由下对上，就是不分尊卑、有失礼仪了。男女有别，男士就更不适宜对女士使用此肢体语言了。

　　手势宜少不宜多。多余的手势，会给人留下装腔作势、缺乏涵养的感觉。如：在大庭广众之前双手乱动、乱摸、乱扶，或者玩弄头发、咬指尖、折衣角、抱大腿等，都是应当禁止的不稳重手势。当然，在他人面前掏耳朵、搔头皮、剔牙齿、抠鼻孔、抓痒痒等手势就更不可取了。另外，打响指是一些人在兴奋时的动作，这种习惯最好也改一改。有人碰到熟人或是招呼服务员，常常用打响指来表示，这会引起对方的反感。

　　这些手势几乎是全世界通用的，除了个别情况之外，我们可以放心地和语言不通的人通过这些手势来进行交流。

有趣的是，作为一种动物，人类在绝大多数时候都没有意识到自己通过各种身体姿势、动作和手势所传达的信息与本人通过语言所传递的信息常常背道而驰。下面我们一起来看一下几种透露我们心底秘密的几种手势。

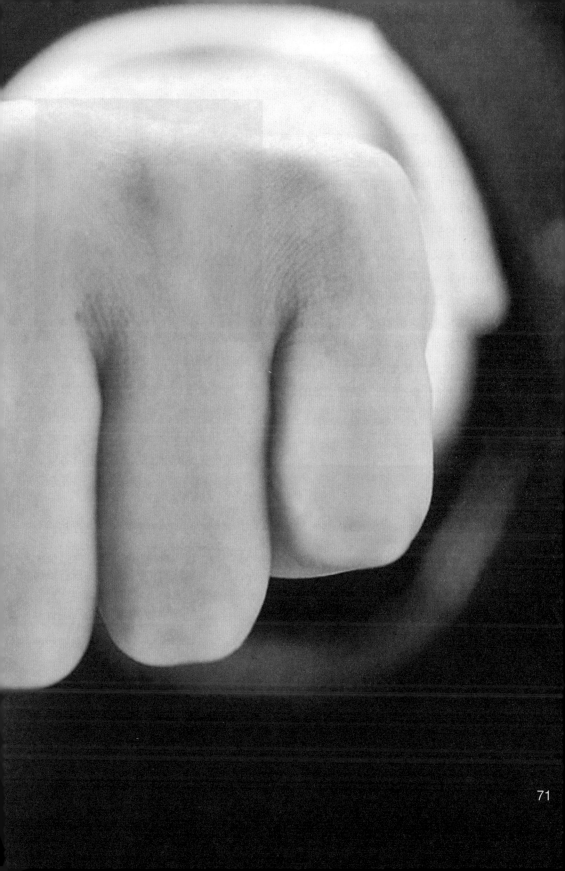

用手遮住嘴巴

下意识地用手遮住嘴巴，表示撒谎者试图抑制自己说出那些谎话。有时候人们是用几个手指或紧握的拳头遮着嘴，但意思都一样。有的人会假装咳嗽来掩饰自己遮住嘴巴的手势。

对于会议的发言人来说，如果在发言时看到有听众捂着嘴，那是最令人不安的手势之一，那表示他们认为你可能隐瞒了某些事情。遇到这种情况，你应该停止发言并询问听众，"大家有什么问题吗？"或者"我发现有的朋友不太赞同我的观点，让我们一起探讨一下吧。"值得注意的是，听众们双臂在胸前交叉的动作，与遮住嘴巴的手势有着相同的含义。

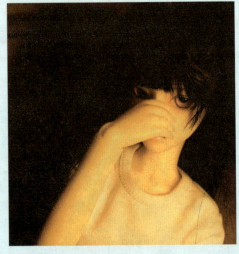

触摸鼻子

触摸鼻子的手势一般是用手在鼻子的下沿很快地摩擦几下，有时甚至只是略微轻触。和遮住嘴巴一样，说话者触摸鼻子意味着他在掩饰自己的谎话，聆听者做这个手势则说明他对说话者的话语表示怀疑。

美国芝加哥的嗅觉与味觉治疗与研究基金会的科学家发现，当人们撒谎时，一种名为儿茶酚胺的化学物质就会被释放出来，从而引起鼻腔内部的细胞肿胀。科学家们还揭示出血压也会因撒谎而上升。血压增强导致鼻子膨胀，从而引发鼻腔的神经末梢传送出刺痒的感觉，于是人们只能频繁地用手摩擦鼻子以舒缓发痒的症状。

美国的神经学者深入研究了比尔·克林顿就莱温斯基性丑闻事件向陪审团陈述的证词，他们发现克林顿说真话时很少触摸自己的鼻子。但只要克林顿一撒谎，他

的眉头就会在谎言出口之前不经意地微微一皱，而且每4分钟触摸一次鼻子，在陈述证词期间触摸鼻子的总数达到26次之多。

不过，我们必须牢记一点，触摸鼻子的手势需要结合其他身体语言来进行解读，有时候人们做出这个动作只是因为花粉过敏或触摸鼻子的手势者感冒。

怎样才是正常的鼻子发痒？

单纯的鼻子发痒往往只会引发人们反复摩擦鼻子这个单一的手势，而和人们整个对话的内容、频率和节奏没有任何联系。

• 摩擦眼睛

当一个小孩不想看见某样东西时，他会用手遮住自己的眼睛。大脑通过摩擦眼睛的手势企图阻止眼睛目睹欺骗、怀疑和令人不愉快的事情，或是避免面对那个正在遭受欺骗的人。电影演员们常用摩擦眼睛的手势表现人物的伪善。

男人在做别人不想看他这个手势时往

往会使劲揉搓眼睛；如果他试图掩盖一个弥天大谎，则很可能把脸转向别处。相比而言，女人更少做出摩擦眼睛的手势，她们一般只是在眼睛下方温柔地轻轻一碰。这一方面是因为淑女风范限制她们作出粗鲁的手势，另一方面也是为了避免弄坏妆容。不过，和男人一样，女人们撒谎时也会把脸转向一边，以躲开听话人注视的目光。

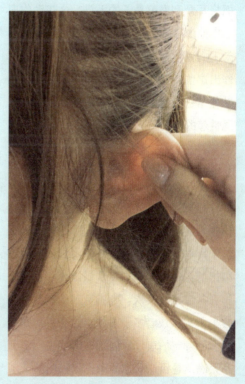

• 抓挠耳朵

小孩为了逃避父母的责骂会用两只手堵住自己的耳朵，抓挠耳朵的手势则是这一肢体语言的成人版本。抓挠耳朵的手势也有多种变化，包括摩擦耳廓背后，把指

尖伸进耳道里面掏耳朵，拉扯耳垂，把整个耳廓折向前方盖住耳洞，等等。

当人们觉得自己听得够多了，或想要开口说话时，也可能会做出抓挠耳朵的动作。

抓挠耳朵也意味着当事人正处在焦虑的状态中。查尔斯王子在步入宾客满堂的房间，或者经过熙攘的人群时，常常做出抓挠耳朵和摩擦鼻子的手势。这些动作显示出他内心紧张不安的情绪。然而我们从未看到查尔斯王子在相对安全私密的车内作出这些手势。但在意大利，抓挠耳朵的动作常被视为女人气的表现，甚至被当作同性恋的象征。

• 抓挠脖子

抓挠脖子的手势是：用食指（通常是用来写字的那只手的食指）抓挠脖子侧面位于耳垂下方的那块区域。我们根据观察得出的结论是，人们每次做这个手势，食指通常会抓挠 5 次。食指运动的次数很少会少于 5 次或者多于 5 次。这个手势是疑惑和不确定的表现，等同于当事人在说，"我不太确定是否认同你的意见。"

当口头语言和这个手势不一致时，矛盾会格外明显。比如，某个人说"我非常理解你的感受"，但同时他却在抓挠脖子，那么我们可以断定，实际上他并没有理解。

• 拉拽衣领

撒谎会使敏感的面部与颈部神经组织产生刺痒的感觉，于是人们不得不通过摩擦或者抓挠的动作消除这种不适。这种现象不仅能解释为什么人们在疑惑的时候会抓挠脖子，它还能解释为什么撒谎者在担心谎言被识破时，就会频频拉拽衣领。这是因为撒谎者一旦感觉到听话人的怀疑，增强的血压就会使脖子不断冒汗。

当一个人感到愤怒或者遭遇挫败的时

候，也会用力将衣领拽离自己的脖子，好让凉爽的空气传进衣服里，冷却心头的火气。当你看到有人做这个动作时，你不妨对他说，"麻烦你再说一遍，好吗？"或者"请你有话就直说吧，行吗？"这样的话会让这个企图撒谎的人露出他的马脚。

时代吸吮母亲的乳头有着密切的关系，是潜意识里对母亲怀抱里的安全感的渴望。人们常常在感受到压力的情况下做出这个手势。

幼儿会将自己的拇指或者食指含在嘴里，作为母亲乳头的替代品，而成年人则表现为把手指放在嘴唇之间，或者吸烟、叼着烟斗、衔着钢笔、咬眼镜架、嚼口香糖等。

• 手指放在嘴唇之间

将手指放在嘴唇之间的手势，与婴孩

如何通过握手营造气氛 〉

有两个小窍门可以帮助你通过握手制造出和谐友善的气氛。

首先,在与他人握手时,你需要确保双方的手掌保持一种垂直于水平面的姿势,从而排除握手时的强势和弱势之分。

其次,以其之力还施彼身,即握手的力度要与对方保持一致。也就是说,如果我们将握手的力度分为1—10个等级,而你握手时的力度达到了7级而对方却只有5级,那么,你就必须减力20%;假如当对方的力度达到了9级,而你却只有7级时,你就需要加力20%,才能营造出平等和谐的气氛。

在许多社交场合,你可能会需要与多个人握手。在这种环境下,假如你希望能够与每个人都建立和谐平等的关系,就必须不断地调整握手的角度和力度。

与此同时,你还需要记住一点,通常而言,普通男性的手掌力量为普通女性的两倍,所以你在握手的同时还必须考虑到这一点。在人类进化的过程中,男性由于从事诸如抓、举、搬、锤等体力活的原因,其手掌力量得到了充分的锻炼和发挥,达到了大约100磅(45千克)左右的力量值。

最后,请你记住,握手是我们在见面问好和临走道别时用来表情达意的一种方式,也是我们与他人签署合同或协议时作出承诺的象征,所以我们应该积极主动地伸出手,让对方感觉到我们手心的温暖和友好。

手臂也有 "表情" 〉

早在远古时代，我们的祖先就已经学会了躲在障碍物后寻求保护的自卫方法。当我们还是孩子的时候，一旦感觉有危险，我们就会立刻躲到诸如桌子、椅子、家具等固定物体或妈妈的裙子后面。

随着我们逐渐长大，这种遇到危险就躲避的动作也随之变得复杂起来。6岁以后，我们就已经不能再躲到桌椅背后了，于是，我们逐渐学会了将双臂紧紧交叉抱于胸前来保护自己的动作。当长到10来岁的时候，我们又学会了掩饰，知道可以通过稍稍放松手臂以及配合以双腿交叉的动作来隐藏环抱双臂这一动作的自卫性，从而掩饰我们内心的恐惧。

随着年龄越来越大，在我们的刻意掩饰之下，双臂环抱于胸前这一动作的防御性也显得越来越不明显。不过，每当感到有危险，或遇到不愿遇到的事情时，我们都会下意识地将一只或两只手臂交叉抱于胸前，用自己的肢体形成一道身体防线，抵抗外来的危险，从而达到保护自己的目的。交叉抱于胸前的双臂可以保护心脏、肺这些重要的生命器官，所以，这一动作很可能是源自人类天生的本能。猴子和猩猩在遇到正面进攻的时候，也会作出同样的动作来保护自己。不管怎样，

有一件事情是可以肯定的：

当一个人感到紧张不安想保护自己，或不愿接受他人意见的时候，他很可能会将双臂交叉，紧紧抱于胸前，借此告知对方他有些紧张或不安。

美国研究者针对环抱双臂这一动作的研究显示出了一些颇为令人担心的结果。研究期间，一群参与研究的志愿者参加了一系列的讲座。其间，每位参与者按照研究人员的要求，保持双腿和双臂的自然状态，不跷二郎腿，也不将双臂环抱于胸前，尽量以一种放松的姿势聆听讲座。在讲座结束之后，研究人员记录下了每位志愿者对讲座内容的掌握程度以及他本人对此次讲座的想法和观点。之后，研究人员又安排第二队志愿者进行了同样内容的试验，讲座的内容也完全一样。唯一不同的是，在研究人员的要求下，这些志愿者在听讲座的时候都必须跷起二郎腿，同时将双臂交叉紧紧抱于胸前。结果显示，与第一组坐姿放松的志愿者相比，第二组志愿者所掌握的讲座内容要少38%。与此同时，他们对于演讲者及其演讲内容的观点也更加苛刻、挑剔。

当你将双臂交叉抱于胸前，就好比在你与对方之间筑起了一道障碍物，将你不喜欢的人或物统统挡在外边。当你将双臂交叉抱于胸前，就好比在你与对

方之间筑起了一道障碍物，将你不喜欢的人或物统统挡在外边。双臂交叉抱于胸前的姿势有很多种。双臂交叉抱于胸前的姿势在人与人的交流中相当普遍，而且世界各地对这一姿势的理解也几乎相同：消极、否定或防御。在一些诸如自助餐厅、电梯等公共场所以及众人排队等候的过程中，我们常常会看到彼此陌生的人们在感到不确定或不安全的时候摆出这样的姿势。

因此，当你与他人交谈时，如果看到对方摆出了双臂交叉的姿势，那么你就应该立刻意识到自己是不是说了一些与对方观点不同的话。在这样的情况下，即使对方口头上表示赞同你的观点，你也已经没有必要再将谈话继续下去了。因为，他的肢体语言已经很明确地告诉你，他并不赞成你的话。事实就是，肢体语言远比有声的话语更加诚实可靠。

当一个人在将双臂交叉抱于胸前的同时，两只手也紧紧地攥成拳头夹于腋下，那就表示此时的他除了具有相当强烈的防御意识之外，还带有十分明显的敌意。如果同时他的脸上还伴有双唇紧闭的微笑，或者干脆露出了咬牙切齿、满脸涨红的表情，那么接下来的口舌之争，或

是更加激烈的打斗就在所难免。在这个时候，引起纷争的原因我们还不清楚，但当务之急就是用一种较为缓和的方法找出导致对方情绪激动的根本原因，同时安抚对方情绪，防止事态进一步恶化。

抓握式的双臂交叉姿势是另一种交叉双臂的方式，其最大的特点就是在交叉双臂环抱于胸前的同时，两只手紧紧抓住另一只手的上臂，增大了呈交叉状态的双臂的力量，使这一姿势更加牢固，从而能够更加有效地保护人体的胸部。有时候，由于双手握住手臂的力气过大，以至于阻碍了血液循环，从而使得双手的手指和指关节都呈现出泛白的情况。人们可以通过这种自我拥抱式的双臂交叉法来

安抚、宽慰自己。这种双臂交叉法多见于在医院候诊室里等候治疗的病人及其家属。除此之外，第一次乘坐飞机的乘客在等待飞机起飞时也常常会摆出这样的姿势以增强自身的安全感。

抓握式的双臂交叉法代表的是一种消极、拘谨、紧张的心理。抓握式的双臂交叉法代表的是一种消极、拘谨、紧张的心理。在法庭上，原告很可能会采用上文中的握拳式的双臂交叉法，而被告则多会采用抓握式的双臂交叉法。

如果某人在双臂交叉的同时，露出向上竖立的大拇指，这就表示此人自我感觉良好，觉得自己很棒，一切尽在掌握中。在他说话的过程中，他还会用两个大拇指来强调自己说话的重点。

当人们想保护自己，同时又想向对方表示谦卑恭顺之意时，往往会采取一种对称的坐姿，也就是说，身体左右两侧的动作和姿势完全一样。在这样的坐姿之下，他们的肌肉完全处于一种紧张的状态，看起来就好像他们

81

正在等待被人攻击。而那些有自卫心理却又想控制一切的人则通常会采取一种不对称的坐姿，即身体左右两侧的动作和姿势并不相同。

在我们小的时候，每当我们遇到了悲伤的事情，或是处于紧张的氛围之中，我们的父母或看护人就会将我们拥进他们的怀中，或是给我们一个温馨的拥抱，以此舒缓我们悲伤、不安的情绪。长大以后，当我们感到紧张不安的时候，我们常常会模仿长辈的动作来安慰自己。不过，这时的我们往往不会将双臂交叉，紧紧抱于胸前，从而让所有的人都看到我们内心的恐惧。

通常而言，女性会用一种较为隐晦的方式来替换这种过于明显的肢体语言，如单臂交叉抱于胸前的姿势，即只使用一只手臂，这只手臂在身体前部弯曲后抓住另一只手臂，从而在自己与对方之间形成一道障碍，拒绝对方的进入，看起来就好像是在拥抱自己。人们在参加一些社交活动或工作会议时，常常会因为与其他人关系生疏或缺乏自信而用这种单臂交叉的姿势使自己与其他人保持一定的距离。在严肃紧张的氛围中，如果有女性摆出了这样的姿势，那就表示她想告诉身边的人她自我感觉"良好"。

男性自我拥抱式的交叉双臂的方式与女性略有不同：他们将自然下垂的双臂略微前移，双手在身体前方相互握住。男人们在上台领奖或发表演讲时，经常会采用这样的姿势来面向观众。有趣的是，当男人发现自己的裤子拉链坏了时，为免不雅，也会用双手遮住下体。其动作与我们在这里所谈到的姿势几乎完全一样，所以我们也把这种姿势称为"护短式握臂"。

此外，在救助站或民政部门门口排队等待救济或领取社保福利的人群中，我们也常常会看到摆出同样姿势的男人们。他们的这一姿势体现出了身为弱势群体，他们内心的沮丧和不安；同时，这样的姿势也很容易勾起他人的怜悯之心，让人萌生出帮助他们的想法。

相比较而言，女性用来掩饰内心情绪的动作就显得更加隐晦，更加不易发现了。因为，如果她们意识到自己的仪表或行为有所不妥，或是感到不自信，女人们完全可以紧紧抓住手提包或钱包等随身物品而不必做出明显的动作。每当出现在公众面前时，英国安妮公主常常会手捧花束；而在手中拎一个提包或是握一束花，则是英国伊丽莎白女王最常见的公众形象之一。尊贵的女王似乎并不需要用手提包来装诸如唇膏、化妆品、信用卡以及电影票之类随身物品吧！事实上，手提包不过是她在必要时用来传递信息的一种方式。在某次外出当中，皇室观察者们就留意到，当她想步行片刻，或是驻足停留，或起身离开，以及想摆脱眼前某个烦人的家伙时，女王都会通过手提包向随从们发出信号，而这样的信号前后共计12次。

来历不凡的V字手势

V字手势是大家常用来表示胜利的一种方式，那么常常使用这个手势的你，是否知道这个简单的V字手势来头可不小，它的"发明"人就是历史上鼎鼎有名的政治家丘吉尔。

二战的大不列颠空战时期，英国首相丘吉尔首先发明了这个V字手势，在每次他的战时动员讲话完毕之后，以及慰问遭受纳粹德国空军轰炸的地区时都会作出这个手势来鼓舞反法西斯战争同盟的人民们坚持到底取得最后胜利。

1941年7月温斯顿·丘吉尔在一次演讲中首次使用了V字形手势来号召鼓励全体反法西斯人民。自此，丘吉尔的V字手势便开始出现在各种公开场合中。起初，丘吉尔的V字手势是手背朝外的，后来才改为手背朝内。在战后的政治生涯中，丘吉尔却常以"反V"来侮辱政敌。其他盟国领导人都跟随丘吉尔使用V字手势。自1942年起，夏尔·戴高乐也会在每次演讲前摆出V字手势，直至1969年为止。

前比利时司法部长和英国广播公司比利时法语广播频道总监维克多在广播中建议比利时人使用"V"字表达胜利和自由，号召人们对抗纳粹德国。在广播中，维克多说"占领者在无限重复地看着这相同的标志，将会意识到自己已被包围，四周被一群巨大的人

民环绕着，他们热切地等待着敌人第一个软弱的时刻，期待着敌人的第一次失败"。事实上，在维克多广播数周后，比利时、荷兰及北部法国均出现了很多"V"字记号。

在这一成功的鼓舞下，英国广播公司设定了"V代表胜利"计划，并要求助理新闻编辑道格拉斯·里奇成为计划主管。里奇建议使用声音莫尔斯电码广播"V"字，并利用拥有相同节奏的贝多芬第5号交响曲头段作为呼号。具有讽刺意味的是，贝多芬也是德国人，并且其标题"命运交响曲"暗示了纳粹德国的命运已注定灭亡。英国广播公司亦建议人们使用维克多建议的V字手势代替"V"字记号。

• 越南战争：胜利与和平

尼克松于1974年8月9日离开白宫时摆出V字手势，V字手势被抗议美国不停止越南战争的游行人士使用，并且用来象征和平。因为当时的嬉皮士不时使用此手势并呼叫"和平"，因此V字手势成为了一个普遍的和平象征标志。

• 表示侮辱的V字手势

手背朝外的V字手势通常会被视为和竖中指程度相等的侮辱。一个普遍的V字侮辱手势起源传说指出V字手势源自英法百年战争中阿金库尔战役的弓箭手。根据此故事指

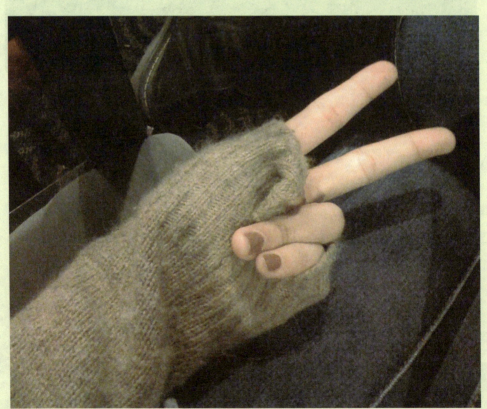

出，由于法国人鄙视英国弓箭手的低微，战前宣称说一旦抓住俘虏，会剁去他们的中指和食指让他们一辈子不能再张弓射箭。但后来英军打败了法军，胜利后，英国人伸直中指和食指，掌心向内，向法国俘虏示威，意思是：我们的手指头是完整的。但是，至今仍没有证据显示当时的法国人有剁去英国弓箭手的习惯。当时的法国人会将战俘集体处决，因为战俘们没有价值。

最早拥有确凿证据显示人们使用V字手势作侮辱的年份为1901年。当时，一位罗瑟勒姆工人向镜头摆出V字手势，以表示自己不愿意被摄录。

在苏格兰西部和澳大利亚，由手腕或肘部向上甩手背朝外的V字手势被称为"两指敬礼"，是具侮辱性的。而手背朝外的V字手势在英格兰早已有了具侮辱性的含意。因此，在英国、爱尔兰、新西兰和澳大利亚，手背朝外的V字手势均被限制使用。手背朝外的V字手势经常被用来表示违抗、蔑视或嘲笑。

于1990年11月1日，英国《太阳报》头版的一篇标题为"去你的，德洛尔"文章旁有一幅穿着印有英国国旗的袖口的手，而那只手正做着手背朝向读者的V字手势。《太阳报》的目的是敦促读者反对欧洲联盟委员会主席雅克·德洛尔，因为他主张建立一个欧盟中央政府。这篇文章遭到很多读者投诉，但是英国报业评议会以传媒在不侵犯英国利益下可以滥俗为由，拒绝受理这些投诉。

87

● 不可轻视的脚上功夫

英国心理学家莫里斯经过研究发现一个有趣的现象：人体中越是远离大脑部位的动作，越是可能表达其内心的真实感情。从脸往下看，手位于人体的中间偏下部位，诚实度可以算中庸，研究发现，人们或多或少在利用手来说谎。脚离大脑的距离最远，相比之下人的脚部要比其他部位"诚实"得多，因此脚的动作能够泄露人们独特的心理信息。

不得不说的秘密——双脚篇 >

与其他肢体语言一样，脚的动作有特殊意义。汉语中很多词语都是用来描述脚的动作的，例如轻、重、缓、急、稳、沉、乱等。这些形容词与其说是描写脚步，不如说是在描述人的心态：稳定或失衡，恬静或急躁，安详或失措等。

人们能够从"脚语"来判断一个人的性格或心情。

行为学家明确指出："在一般情况下，要判断对方的思想弹性如何，只要让他在路上走走，就可以基本了解了。"一个人的心情不同，走路的姿势也就不同；

每个人的秉性各异，走起路来也有不同的风采。

除了走路，在其他场合下的"脚语"也能表露出某个人的心理活动。例如一些参加面试的人，虽然他们冷静地坐着，表情轻松，面带微笑，肩膀自然下垂，手的动作和缓，看似从容。但你看看他的脚，两只脚扭在一块儿，好像在互相寻求安全感；然后他的两脚分开，几乎不为人所察觉地轻轻晃动，好像想逃走；最后，他们又两腿交叉，而且悬空的一只脚一上一下地拍动。虽然坐着没动身，两只脚却

泄露出想脱逃的意愿。

因此可以说，在泄露人的心理活动这一方面，脚是全身最诚实的部位。可惜很多人都顾不上或不注意观察这个部位，对这方面的知识也缺乏了解。所以对此加以详细介绍是必要的。

下面就是一些具体的方式：

有的人走路从来都是不慌不忙的，哪怕碰到了最重要、最紧急的事。这种人办事历来求稳，无论做什么事情都要"三思而后行"。这样的人比较讲究信义，比较务实，一般来说，工作效率很高，说到做到。

有的人走路总是习惯上体前倾，而不是昂头挺胸。这种人的性格比较内向和温和，为人比较谦虚，一般不会张扬，很注意严格要求自己，很有修养。有的人走路把头低着，双手紧紧地背在身后。他们的脚步有时很慢，不时还会停下来踢一下石头，或者捡起什么东西来看一下，然后又将其丢下。从一般的情况看，有这种行为的人往往心事重重。他们或许正在为一件很难办的事情而焦头烂额。

有的人走路的时候总是拖着步子，把两只手插进衣袋里，头常常低着，只埋头拉车，不抬头看路，不知道自己最终要

91

去哪里。这样的人往往是碰上了难以解决的问题，到了进退维谷的境地。很多快要走入绝境的人常常有这样的表现。

立正的姿势：这是一个非常正式的站姿，显示出一种中性的态度，不表达任何或去或留的倾向。在异性间的面谈中，女人比男人更常使用这个姿势，直立紧闭的双腿传达出"不置可否"的信号。学校的学生们在跟老师说话时经常保持立正的姿势，公司的下级跟上级汇报工作、人们见到王室成员或者雇员跟老板交谈时，也都采用这个姿势。

双腿叉开：这是一个传达支配意味的动作，属于非常典型的男性身体语言。这个站姿会把双脚坚实地踩在地面，仿佛在清晰地告诉别人，自己毫无离开的打算。

展示胯部——凸显男人的雄性气概：在体育比赛的中场休息时间，我们常常看到男队员们围成一圈站着，每个人都做出展示胯部的站姿，而且还不断变换着胯部的姿势。这种变换跟身体发痒没有任何关系，仅仅是因为这样的动作能够展现他们的雄性气息，而全部队员都采用相同的站姿则能够表现出队伍的团结。展示胯部的站姿之所以成为典型的

男性姿势，是因为这个站姿显得颇有男子气概。

稍息的姿势：把身体的重心放在一侧的臀部和腿上，这样就能让另一只脚伸向前方，稍作休息。在中世纪的画作里，那些身份高贵的男主人公总是保持着稍息的姿势，因为这样的站姿能够让他们展示自己精美的袜子、鞋子和裤子。

这个姿势非常有助于我们判断一个人当下的打算，因为人们伸出的脚尖所指

向的方向，往往就是他们内心里想要去的地方，而且，这个姿势看起来也就像是一个人正要准备迈步的样子。如果是和一群人在一起聚会，我们伸出的那只脚，总是会朝向最幽默或是最吸引我们的那个人；但是如果我们想要离开的话，那只脚就会朝向离我们最近的一个出口。

双腿交叉：下次和同事参加会议时，注意观察这样一种人——他们站着的时候总是让双臂和双腿都保持交叉的姿势。如果你观察得更仔细一点，你还能发现，这些人会跟其他与会者保持较远的距离，比人们惯常的普通社交距离要远得多。

如果这些人穿着外套或是夹克，那么衣服的纽扣很可能都是扣上的。这也是大部分人在身处陌生的环境时下意识的一种反应。所以，你若是和这些人交谈的话，你会发现他们跟其他与会者互不熟悉。

双腿叉开的姿势展现出开放或者支配的态度；双腿交叉的姿势则显示了保守、顺从或是戒备的态度。

欧洲版双腿交叉 ⟩

坐着的时候把一条腿轻巧地放置在另一条腿上。大约有70%的人在做这个动作时，是将左腿放置在右腿上。这种姿势是欧洲大陆、亚洲和大不列颠文化里最常见的双腿交叉姿势。

当一个人在和你交谈的时候，双臂和双腿都作出互相交叉的姿势，那就说明他的心绪已经游移于你们的交谈之外。这个时候如果你想让他对你的观点表示心悦诚服，那一定是非常困难的。

我们发现，在商务交际中，如果一个人在坐着的时候双臂和双腿都保持交叉状态，那么他就会倾向于使用短句，对他人的建议也更多地持否定态度，而且对于大家所讨论的细节问题会有些漫不经心。相对而言，那些坐姿自然开放的人就要积极和投入得多了。

脚踝相扣 〉

男人在作出脚踝相扣的动作时，双手通常会紧握拳头并置于膝盖上，或者是紧紧抓住椅子的扶手，同时还会摆出展示胯部的姿势。而女人在脚踝相扣时，身体动作略有不同：她们会把双膝并拢，两只脚置于身体同一侧，双手并排或是交叠着轻轻放在位于上方的那条腿上。

根据超过30年担任面试官和销售员的经验，当谈话对象脚踝相扣时，他的内心便产生了"紧咬双唇"的潜意识。

这个动作显示出他正在努力抑制某种消极情绪，也许是缺乏把握或者是恐慌害怕。彼此相扣的双脚往往会悄悄地挪到椅子底下，与此相对应的就是沉默寡言的态度。如果一个人对交谈非常投入的话，那么他的双脚也一定会自然地伸向前方。

在跟随律师所做的调查中，等候法庭宣判时，被告做出脚踝相扣这一动作的几率是原告的3倍，因为将紧扣的双脚放在椅子底下，有助于他们控制自己的情绪。另一项针对319位牙科患者展开的调查显示，88%的患者一坐上牙科治疗椅，就会做出脚踝相扣的动作。如果只是进

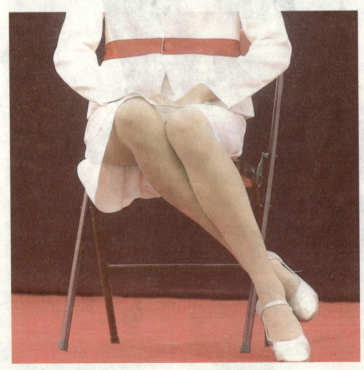

行常规的牙齿检查，那么只有68%的患者会脚踝相扣；但只要是接受牙医的注射，98%的患者会紧扣脚踝。

在刚开始研究脚踝相扣这一肢体语言时，研究者发现，恰当的提问技巧能够有效地让交谈对象松开自己的脚踝，并恢复自然放松的状态。除此之外，如果会见者走到交谈对象的身边，并在一旁的椅子上坐下来，也会让交谈对象感到放松，因为在互相交流的两个人之间没有了桌子这一屏障。于是，随着情绪的平复，交谈对象的脚踝就会松开，整个谈话的气氛也会变得更加开放和亲切。

曾经有一家公司就提高客服电话的质量与效率一事，请心理学家提出解决方案。在这家公司展开调查研究的过程中，心理学家认识了一个男人，他干着一份并不令人羡慕的工作：负责追讨客户债务。他给很多客户打电话，尽管他的声音显得很放松，但研究者发现，他的脚踝

97

始终紧紧相扣，并且放在椅子底下而与研究者谈话时，他就不会做出这样的动作。研究者问他："你喜欢这份工作吗？"他立刻回答："非常喜欢！这份工作很有意思。"虽然他的表情和语气都很令人信服，可是这样的回答实在与他的身体语言相矛盾。所以，研究者再次问道："你真的这么认为吗？"这个男人沉默了一会儿，松开了脚踝，手掌也舒展开来，然后答道："哦，实际上，我都快要被逼疯了！"他告诉我们，每天他都要给很多客户打电话，有的客户非常粗鲁，还有的十分凶悍，所以他必须不断练习控制自己的情绪，以免让客户察觉自己的不满。除了这个男人以外，我们还发现，那些不喜欢通过电话与客户交流的销售员，大都习惯于保持脚踝相扣的坐姿。

两腿交缠 ❯

这个动作基本上专属于女性，而且是羞怯和胆小的女性以及兼职柔术演员的标签。把一只脚的脚尖紧贴在另一条腿上，这样的姿势进一步强调了当事人的不安全感。不管女孩的上半身表现得多么放松，但此时的她就像胆小的乌龟一样，也希望自己能够躲进厚厚的壳里。如果你希望她褪去坚硬的外壳，那就得采用温暖、友好和轻柔的方式慢慢接近她。

两腿交叉而小腿保持平行 ❯

由于男性腿部和髋部的骨骼构造和女性不同，所以很难摆出这种坐姿。正因如此，这个姿势极具女性气质。

伸出右脚还是缩回来 ❯

当我们对交谈话题或者交谈对象感兴趣的时候，我们会把脚伸向前方，缩短和交谈对象之间的距离。倘若我们不感兴趣或者不想发言，我们就会缩回自己的脚；如果是坐着的话，还会把脚缩到椅子底下。

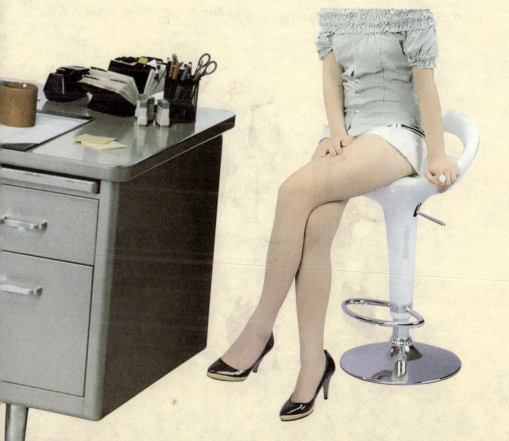

99

● 小动作，大"智慧"

低头耸肩 ＞

向上耸肩，同时把头低下，缩在两肩之间，这样的姿势能够保护柔弱的脖子和喉咙免受攻击。当人们猛然听到背后传来一声巨响，或者担心会有什么落物砸到自己时，通常就会作出这种姿势。假如是在个人交际或者商务谈判的场合作出这样的姿势，那就意味着恭顺地向他人道歉。所以，要是你想展现信心十足的面貌，就千万不要作出低头耸肩的动作，那只会给你的形象减分。

如果我们从一群人身边经过，而他们正在兴致勃勃地聊天、看风景，或是专心致志地听取领头人的发言，那么为了不打扰他们，我们通常会在经过的时候缩着肩膀，努力让自己显得更弱小和不太引人注意。下属靠近自己的上司时，往往也会采取这种姿势。这样一个微妙的动作能够揭示两人之间的地位和权力关系。

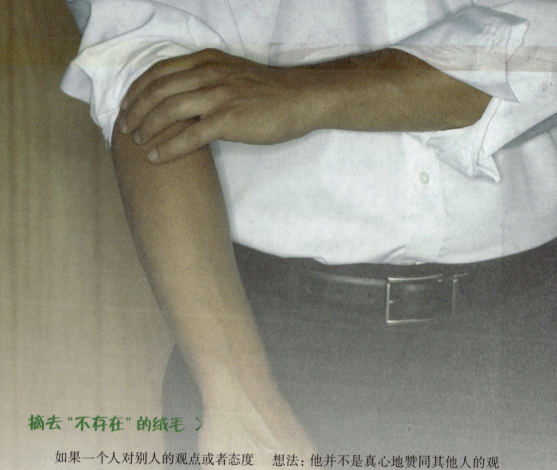

摘去"不存在"的绒毛 >

　　如果一个人对别人的观点或者态度持有反对意见，但又不愿意直言，那么他很可能会利用某些手势表达自己的感受。或许这些肢体语言看起来与谈话内容毫不相干，但实际上，它恰恰暴露了当事人有所保留的态度。从自己的衣袖上摘去并不存在的绒毛，就属于这样的肢体语言。这位假装在摘绒毛的人，通常会双目低垂，与其他人保持一定的距离，看似漫不经心地做着无关紧要的小动作。而这样的小动作正是通常用来表达反对态度的信号。不管他在口头上如何表达自己毫无异议，这个动作都会泄露他内心的想法：他并不是真心地赞同其他人的观点。

　　遇到这种情况，你可以对摘绒毛的朋友摊开手掌，诚恳地问他，"你是怎么想的呢？"或是，"我感觉你对这个问题持有不同的意见，方便告诉我你的想法吗？"然后，把你的后背贴在椅子上，舒展双臂，手掌置于身体前方，静静地等待他的回答。如果他仍然坚持声称自己毫无异议，但又继续在袖子上假装摘绒毛的话，那你就需要采用更直接的方式，来获知隐藏在他内心中的真实想法了。

点头 >

在大部分文化中,点头的动作都用来表示肯定或者赞成的态度。这个动作属于鞠躬的简化形式——就像一个人正准备鞠躬,然而动作只进行到头部就戛然而止,最后以点头的动作象征性地表示鞠躬这一姿势。鞠躬的姿势隐含着顺从之意,所以点头的动作也显示出我们对其他人的观点表示赞同。研究显示,那些先天性聋哑或者失明的人,也会用点头的动作表达肯定和赞成。这么看来,人们很可能天生就会使用这一动作表示顺从的态度。

在印度,头部左右摇摆,也就是摇头的动作,是用来表达肯定和赞成。这种奇怪的习俗令西方人和欧洲人非常困惑,因为在这些人的文化中,这个动作一般是用来表示不置可否的态度。而在日本,点头的动作未必意味着“是的,我同意你的观点”,它往往只是表示“是的,我听到了你所说的话”。

点头的动作源于鞠躬的姿势,用来表达顺从的态度。

在阿拉伯国家,单一的抬头动作是用来表示否定的态度。而保加利亚人则用通常表达否定的动作,也就是摇头,来表达肯定的态度。

大部分人从来没有意识到点头这一动作的威力,事实上,恰当的技巧可以让点头的动作成为相当具有说服力的工具。研究显示,如果聆听者每隔一段时间就向说话人做出点头的动作——每次做这个动作时点头次数以3次为宜——就会激发说话人的表达欲望,能够让他比平时健谈3至4倍。另外,点头的频率能够显示出聆听者的耐心程度。缓慢的点头动作表示聆听者对谈话内容很感兴趣,所以当说话人陈述自己的观点时,我们应该向对方缓缓地点3次头,表现出认真深思的态度。快速的点头动作等于是在告诉说话人,你已经听得不耐烦了,或者是催促说话人马上

结束自己的发言，以便给你一个表达观点的机会。

点头的动作具有两个强有力的功能。首先，由于身体语言是人们的内在情感在无意识的情况下所作出的外在反应，所以，如果你怀有积极或者肯定的态度，那么你说话的时候就会频频点头。反过来说，假如你在说话时刻意地作出点头的动作，那么你的内心同样会体验到积极的情绪。换句话说，积极的情绪能够引发点头的动作，而点头的动作也能激发积极的情绪。这两者之间存在着双向的因果关系。

点头的动作还具有相当的感染力。如果有人对你点头，你通常也会向他回报以点头的动作——即使你并不一定同意这个人所说的话。因此，在建立友善关系、赢得肯定意见与协作态度等方面，点头的动作无疑是绝佳的手段。在跟别人谈话时，你不妨在每句话结束前添上一个反问短句，再次肯定自己的观点。例如，"难道不是吗？""你应该也是这么想的吧？""这难道不对吗？"或者"相当公平了吧？"这样边说边点头，聆听者就会和你一起作出点头的动作，于是他的内心由此产生积极的情绪，从而使他很有可能赞成你的意见。

摇头的动作 >

调查显示，摇头的动作通常表达"不"的意思。这很可能也是人类与生俱来的举动，而且进化生物学家们认为，摇头是人们降临人世后学会的第一个动作。这种理论分析道，当新生儿吮吸了足够的奶水后，他就会左右摇摆脑袋，以此抗拒母亲的乳房。与之类似，幼儿在吃饱了以后，也会用摇头的动作来拒绝长辈们喂食的调羹。

摇头的动作起源于襁褓中的哺乳时期。

当有人对你的意见表示赞同，并且努力让这种赞同的态度表现得诚实可信时，你不妨观察一下他在说话的同时有没有作出摇头的动作。如果一个人一边摇着头一边说，"我非常认同你的看法"，或是"这主意听起来棒极了"，又或者是"我们一定会合作愉快"，那么不管他的话音显得多么诚挚，摇头的动作都折射出了他内心的消极态度。所以，要是你足够聪明的话，最好多留个心眼。假如一个男人一边摇头一边说"我爱你"，那么一定没有哪个女人会相信他的表白。

基本的头部姿势 〉

• 抬头

基本的头部姿势主要有3种。第一种是抬头，当人们对谈话内容持中立态度时，往往会作出抬头的动作。通常，随着谈话的继续，抬头的姿势会一直保持，人们只是偶尔轻轻点头。而且，用手触摸脸颊的手势也常常伴随着抬头的姿势，表现出认真思考的态度。

如果把头部高高昂起，同时下巴向外突出，那就显示出强势、无畏或者傲慢的态度。人们可以通过这个姿势刻意地暴露出自己的喉部，并且让自己的视线处于更高的水平。这样就能以强势的态度俯视他人。事实上，正是高水平的睾丸激素造就了宽大的下巴，这也就是为什么突出的下巴总是与威严感和侵略性紧密相随的原因。

• 头部倾斜

把头部向一侧倾斜是一种顺从的表示，因为这个姿势不仅暴露出人们的喉咙和脖子，还会让人显得更加弱小和缺乏攻击性。这个姿势很有可能起源于婴儿时期把头靠在父母的肩膀和胸脯上休息的动作。大部分人，似乎是在不知不觉中读

懂了这一姿势所传达的顺从与毫无威胁的意味。

头部倾斜的姿势暴露出易受攻击的脖子，而且还让人看起来显得更加弱小和温顺。和动物（尤其是狗）一样，人类在对某件事情感兴趣时，就会把头部歪向一侧。查尔斯·达尔文是最先发现这一现象的科学家之一。

我们曾经对过去 200 年间的画作展开研究，结果显示，画作中头部倾斜的女性形象是头部倾斜的男性形象的 3 倍，同样，在广告画中歪着头的女明星也是歪着头的男明星的 3 倍。这就说明，暴露的脖子所隐含的顺从之意，大部分人仅凭直觉就已经很有体会了。所以，当女人们在商务谈判中跟男人交手时，必须始终保持头部直立的姿势。

在会议上陈述报告或者发表演说时，你应该用心在观众当中搜寻这一头部倾斜的姿势。假如你看到有观众歪着头，身体前倾，作出用手接触脸颊的思考手势，那么你就可以确信你的发言相当具有说服力。而当你聆听其他人的发言时，你不妨对发言人作出头部倾斜和频频点头的动作，这样发言人就会对你产生信赖感，因为在他看来你显得毫无攻击性。

身体语言大揭秘

- 低头

　　压低下巴的动作意味着否定、审慎或者具有攻击性的态度。通常情况下，人们在低着头的时候往往会形成批判性的意见，所以只要你面前的人不愿意把头抬起来或者向一侧倾斜，那么你就不得不努力处理这一棘手的问题。专业的演说家和培训师经常会遭遇这样的困境：观众们都低着头坐在椅子上，把手臂交叠在胸前。低头的动作显示出反对的态度或者沮丧的情绪。

　　有经验的会议发言人会在发言之前采取一些手段，让台下的观众融入和参与到会议的议题之中。这样做的主要目的就是为了让观众们抬起头来，从而唤起积极投入的态度。如果发言人的策略得当，那么观众们接下来就会作出头部倾斜的动作了。

　　英国人在跟人打招呼时有一种十分特别的姿势，那就是扭转头部。这一姿势是指在低头的同时将头扭向一侧。扭转头部的问候方式起源于中世纪时期，那个时候的绅士们在遇到朋友时都会脱帽致意；后来这个姿势逐渐演变成低头的同时用手碰触自己的帽子。随着时光流逝，现代社会的英国人将这一姿势进一步简化为扭转头部的动作，同时向对方敬礼或者只是用手轻触前额，以此表达问候之意。

双手叉腰 〉

在搏斗或者求爱的时候,为了让自己的身躯显得更强壮,鸟儿们会抖动自己的羽毛,鱼儿会吸入大量的水以促进身体膨胀,猫和狗会努力让身上的毛竖立起来。而对于体毛并不丰富的人类来说,在感受到恐惧或者愤怒时,已经没法像远古的原始人那样,通过竖立毛发让自己显得身躯更加伟岸。当我们谈及恐怖电影时,常常会这样描述自己的感受,"这部电影吓得我汗毛倒竖";而当我们被别人惹恼了时,我们会说,"他气得我脖子上的汗毛都立起来了";如果我们对某个人一见钟情,就会像触电般的浑身布满"鸡皮疙瘩"。所有这些生理现象都是人类在特定情境下,为了使自己的身躯显得

更加强壮而作出的无意识的机械反应。而这种种生理反应的产生,则要归因于皮肤毛孔周围的立毛肌。尽管我们并没有丰富的体毛,但是在恐惧、愤怒或者求爱的情境下,立毛肌仍然会紧张收缩,试图让体毛竖立起来。不过,现代人创造了一种能够让身躯显得更加伟岸的姿势——两手叉腰的姿势。

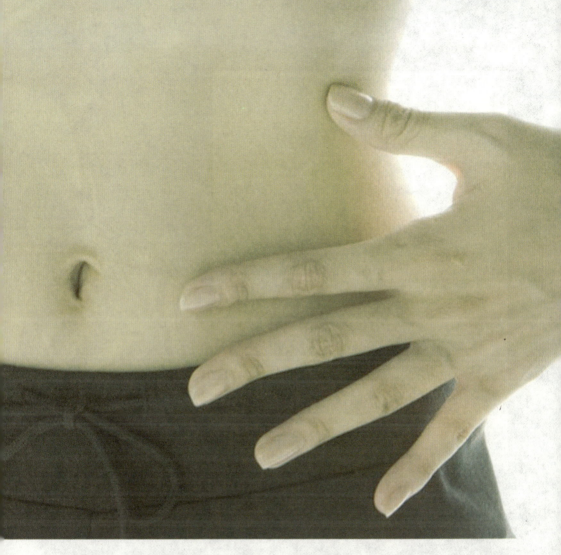

　　不同的人在不同的场合都会作出两手叉腰的动作。例如，小孩子向父母辩解时，运动员等待比赛开始时，拳击手期待下一回合开打时，等等。当男人的领地被其他男性闯入时，他们也会用这样的姿势向入侵者发起无声的挑战。在以上所有场合，人们作出的两手叉腰的动作是一种世界通用的身体姿势，它传递出随时准备发起攻击的信号。两手叉腰的姿势能够让我们占据更大的空间，同时往外凸出的手肘就像武器一样，可以起到威慑他人的作用，阻止其他人靠近或者穿行于自己的领地。这样的姿势显示出对战斗准备就绪的状态，牛仔们在枪战中就经常使用这一姿势。哪怕只是单手叉腰的动作，也仍旧会十分明显地传递出

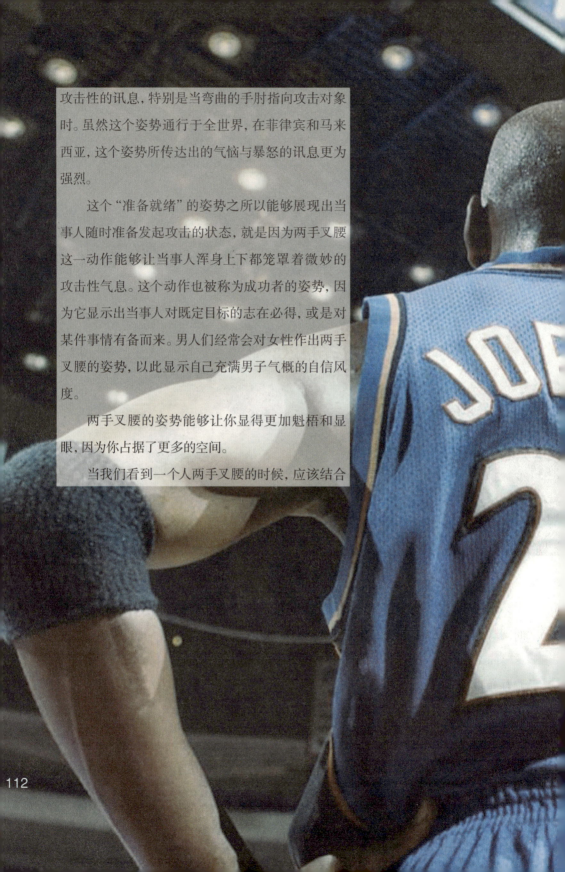

攻击性的讯息,特别是当弯曲的手肘指向攻击对象时。虽然这个姿势通行于全世界,在菲律宾和马来西亚,这个姿势所传达出的气恼与暴怒的讯息更为强烈。

这个"准备就绪"的姿势之所以能够展现出当事人随时准备发起攻击的状态,就是因为两手叉腰这一动作能够让当事人浑身上下都笼罩着微妙的攻击性气息。这个动作也被称为成功者的姿势,因为它显示出当事人对既定目标的志在必得,或是对某件事情有备而来。男人们经常会对女性作出两手叉腰的姿势,以此显示自己充满男子气概的自信风度。

两手叉腰的姿势能够让你显得更加魁梧和显眼,因为你占据了更多的空间。

当我们看到一个人两手叉腰的时候,应该结合

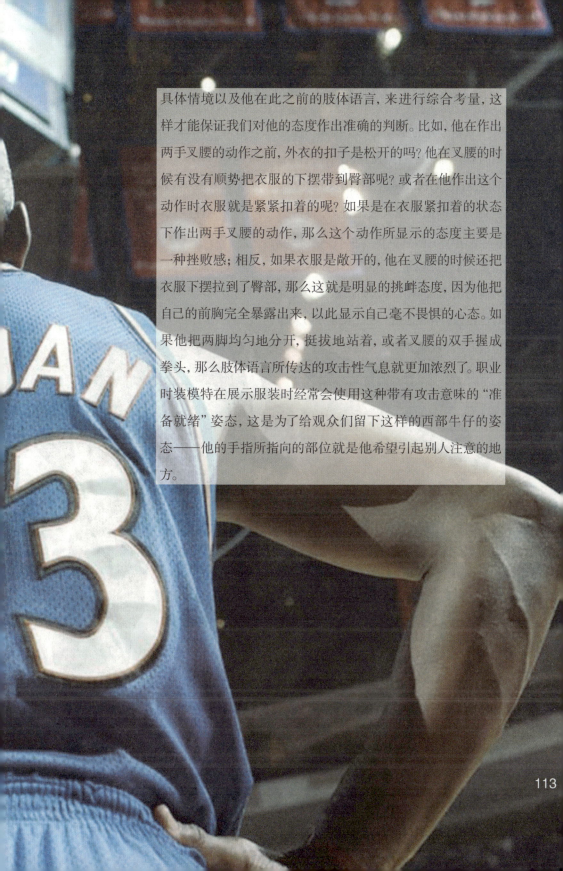

具体情境以及他在此之前的肢体语言，来进行综合考量，这样才能保证我们对他的态度作出准确的判断。比如，他在作出两手叉腰的动作之前，外衣的扣子是松开的吗？他在叉腰的时候有没有顺势把衣服的下摆带到臀部呢？或者在他作出这个动作时衣服就是紧紧扣着的呢？如果是在衣服紧扣着的状态下作出两手叉腰的动作，那么这个动作所显示的态度主要是一种挫败感；相反，如果衣服是敞开的，他在叉腰的时候还把衣服下摆拉到了臀部，那么这就是明显的挑衅态度，因为他把自己的前胸完全暴露出来，以此显示自己毫不畏惧的心态。如果他把两脚均匀地分开，挺拔地站着，或者叉腰的双手握成拳头，那么肢体语言所传达的攻击性气息就更加浓烈了。职业时装模特在展示服装时经常会使用这种带有攻击意味的"准备就绪"姿态，这是为了给观众们留下这样的西部牛仔的姿态——他的手指所指向的部位就是他希望引起别人注意的地方。

双腿分开 >

双腿分开的姿势是一个纯属男性专用的姿势，而且，当黑猩猩试图在猩群中间建立自己的权威时也会作出这个姿势。猩猩们全都把双腿大大地分开，谁占据的面积最大，谁就被视为最有支配权的首领。这样的较量方式可以让猩群免受肉搏的伤痛。同样，男人们在做这个姿势时也是为了争取地位。尽管大部分男人都没有意识到这一点，但是双腿分开的姿势的确传达出了权力与地位的讯息。如果一个男人分开自己的双腿，那么其他男人为了维持自己的原有地位也会纷纷效仿这一姿势。而如果男人在女人面前做这个动作，那将会产生非常不好的影响，在商务场合更是如此。

骑跨椅子 ﹥

　　骑跨在椅子上的人想要获取支配与控制的地位，同时也希望借椅背来保护自己。

　　几个世纪之前，男人们在战场上用盾牌来保护自己，抵挡敌人的长矛和棍棒。现在，文明社会里的现代人在可能遭受身体上或者口头上的攻击时，也会借用手边任何方便的物体当作象征性的盾牌。这包括站在铁门、户门、栅栏、桌子的后面，或者是站在开启的汽车门后，当然也包括骑跨在椅子上。

　　椅子的后背可以扮演盾牌的角色，它不仅能保护人的身体，还会让骑跨在椅子上的人产生挑衅与支配的欲望。

正确解读身体语言的三大规则 〉

在前面讲述了包括面部表情、手势、双脚姿势等等一系列基本的肢体语言，掌握这些肢体语言将有助于我们加深对自己和别人的了解，但是任何的肢体语言都不是单一死板的，我们对肢体语言的判断还必须遵守3个基本规则。

身体语言大揭秘

- **规则一**: 连贯地理解

初学者经常会犯一个最致命的错误，那就是将每个表情或动作分离开来，在忽视其他相联系的表情或动作以及大环境的情况下，孤立、片面地解读他人的肢体语言。譬如说，挠头所表示的含义有很多，比如说尴尬、不确定、去头屑、头痒、健忘或者撒谎等等，所以其具体含义应当取决于同时发生的其他表情和动作。和说话一样，肢体语言也有词组、句子和标点之分，每一个表情或动作就好比一个单词，而每一个单词的含义都不是唯一的。例如，在英语中，"dressing"一词就至少有10种解释，其中包括穿衣服的动作、食物的调味料、肉类食物的配菜、伤口的包扎敷料、化肥以及马饰等等。

因此，只有当你把一个词语放到句子里，配合其他词语一起理解时，你才能彻底弄清楚这个词语的具体含义。以"句子"的形式出现的动作或表情被称为肢体语言群，就好比我们如果想说一句话，就至少需要用3个词语来组织才能清楚地表达说话的目的。可以这么说，如果一个人能够读懂无声的肢体语言长句，并且准确地将他们用有声的话语表达出来，那么，他的"感知力"一定很强，或者说他的"直觉"一定很灵敏。

所以，如果你想获取准确的信息，就应该连贯地来观察他人的肢体语言。

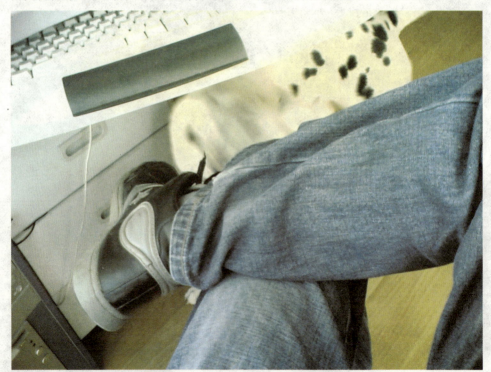

118

当我们感到无聊，或是有压力的时候，我们常常会不断地重复做一个或者多个动作。不停地摸头发或玩头发就是这种情况下我们最常见的一种表达方式，可是，假如不考虑其他动作或表情，同样的动作很有可能表示这个人心中很焦虑，或是不确定。人们之所以会在这样的情况下作出摸头发或抚摸头部的动作，完全是因为当他们还是个小孩的时候，他们的妈妈就是用这样的方式来安抚他们的。

为了证明在解读肢体语言的过程中综合理解方式的必要性，我们给出了一种常见的边缘动作。当人们没有记住刚才所听到的话语时，常常会摆出这样的一个姿势：

最常见的动作就是将手移至脸旁，用拇指支撑着下巴，食指保持一种向上的姿势贴在脸颊上，而剩下的 3 个手指则正好将嘴巴挡住。另外，双腿紧紧交叉，而双臂也以类似的姿势环抱于胸前（一种防御的状态），与此同时，他的头和下巴均保持一种下垂的姿势（一种否定或不友善的态度）。种种迹象都表明该聆听者已经对所听到的内容作出了自己的评价。聆听者通过这一连串的肢体语言"群组"，就是想告诉对方"我对你的话不感兴趣"、"我不同意你的说法"或"虽然我对你的话很不满意，但是我正在努力克制自己的不满情绪"。

SHEN TI YU YAN DA JIE MI

• 规则二：寻找一致性

研究表明，通过无声语言传递的信息所产生的影响力是有声话语的 5 倍；而且当两个不同的人进行面对面交流的时候，尤其当这两个人都是女人的时候，她们几乎会全部依赖于无声的肢体语言进行交流，而无视话语所传递的信息。

如果你是一名演讲者，在某次演讲中，你邀请某位听众上台来发表他对你演说内容的意见，而他回答说，他并不赞同你的观点，那么他通过肢体语言所传递的信息就应该与他的话语表意相吻合，也就是说，两种语言所表达的意思完全一致。但是假如他口头上表示赞同你的话，但是，他通过肢体语言所传递的信息并非如此，那么他就很可能是在撒谎。

当你看见一位站在演讲台后的政治家一边信心十足地向观众们说，他有多么尊重年轻人的意见，并承诺一定会虚心接受他们的建议，一边却又将自己的双臂环抱于胸前（以示防御），并且下巴微沉（批判、充满敌意的象征），那么，你还会相信他的说辞吗？假如他试图用热情且充满关切之情的口吻来打动你，并且还不时地用手敲打演讲台以吸引你的注意，那么你是否会真的被他的言行所征服呢？西格蒙德·弗洛伊德曾经遇到过一个案例。案例中，病人告诉他，她的婚姻生活十分幸福。在谈话中，这位病人不断地将她的结婚戒指取下，然后又戴上。弗洛伊德注意到了她的

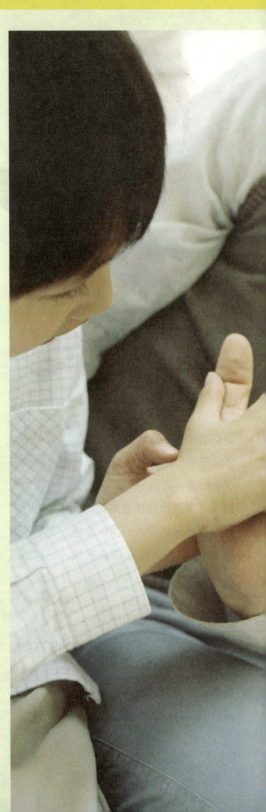

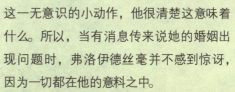

这一无意识的小动作，他很清楚这意味着什么。所以，当有消息传来说她的婚姻出现问题时，弗洛伊德丝毫并不感到惊讶，因为一切都在他的意料之中。

观察肢体语言群组，注意肢体语言与有声话语的一致性就好比两把金钥匙，能够帮助我们打开肢体语言的宝库，从而正确地解读出无声语言背后的真正含义。

• 规则三：结合语境来理解

对所有动作和表情的理解都应该在其发生的大环境下来完成。例如，如果在一个寒冷的冬天，你看见某个人坐在一个公交车的终点站里，双臂紧紧环抱于胸前，双腿也紧紧地夹在一起。那么，这个时候，你就应该知道，他之所以摆出这种姿势，很有可能是因为他很冷，而并不是因为他想保护自己。但是，如果是你和某人隔桌而坐，而你又试图向他阐明自己的一些观点，或是向他推销某种产品和服务，面对你的说辞，对方摆出了一个和上面那个男人一样的姿势，那么这个时候，你应该明白，对方其实是想借此告诉你，他对你的话持否定的态度，或者说他对你的推销很抗拒。

"夫妻相"与肢体语言 〉

在讨论婚姻问题的各种书籍、文章、笑话、爱情喜剧等读物中，您总会发现一些相似的观点，其中最普遍的就是"长期生活在一起的夫妻会有夫妻相"。您可能也曾见过这样的情况——手牵手在马路上散步的老夫妇长相惊人的相似，以致让您误以为他们是兄妹。长年生活在一起的夫妇是不是真的会有夫妻相呢? 如果是真的话，又是什么原因导致的呢?

发表在2006年3月的《个性与个体差异》科学杂志上的一篇研究报告也许可以为我们提供答案。这项研究共招募了22名参与者，男女各11人。在研究中，这22人必须对160对夫妇的外貌、性格和年龄作出评价。他们先分别看了一些男人和女人的照片，但此时并不知道照片中的人哪些是夫妻。但在评价时，他们却一致地把长相和性格相似的男女认定为夫妻。研究人员还发现，生活在一起的时间越长，夫妻俩的长相就越相似。

该研究结论本身并没有什么惊人之处，但是这项研究还就"为什么夫妻会有夫妻相"的问题给出了一些答案。

研究指出，人的外貌特征与自己的性格是对应的，有什么样的外貌，就会有什么样的性格。

当双方的个性相差太远时，虽然谈恋爱时会产生很强烈的吸引力，但结婚以后，这种差异太大的个性，就不容易让夫妻俩产生共鸣了。相反，如果双方的外貌特征、性格相似，婚后就容易找到共同语言。并且，夫妻一起生活的时间越长，感情越好，长得就越像对方。

事实上，夫妻越来越像对方，还有一个生理原因：双方的生活习惯、饮食结构相同。时间久了，夫妻俩相同的面部肌肉得到锻炼，笑容和表情逐渐趋于一致，让原本有差异的两个外貌看起来也有了相似之处。在生理上，饮食、生活习惯的相同，还会让两人患同一种疾病的几率大大增加，让外人产生"这对夫妻真是惺惺相惜"的感觉。

从心理学的理论来说，有一个心理学效应，叫"变色龙效应"其实也就是指我们很容易去模仿别人，越是亲密的人，我们越容易模仿，在我们的成长过程中，我们也是在不断地模仿学习的，孩子模仿父母，老师，同学等等。

不知道大家有没有注意到一点，那就是我们看到一对夫妻有夫妻相时，我们会发现越看越像，那种感觉和气质，而不仅仅是生理上的像！

其实这也是夫妻之间模仿而得到的结果，我们会说，这对夫妻气质、动作、表情很像，而这种心理作用又会影响到我们的生理变化，比如说相同的表情动作会让夫妻之间的脸部肌肉相像等，而脸部肌肉的相像反过来又会影响到表现动作的相像，从而进入一个循环之中，导致结婚越长的夫妻越加的相像。

这其实是一种肢体语言的模仿过

程，在长期的模仿中两人成为了惊人的"相似体"。

不过，医生强调，相貌不同的夫妻占绝大多数，即使长得相似，性格也有急缓之分。因此，判断两人感情好不好，绝不能光看相貌。只要夫妻相濡以沫，行为举止上趋同，语言习惯上相似，就一定能幸福美满。

身体语言大揭秘

牌桌上的测谎培训班

美国联邦调查局前特工乔·纳瓦罗把针对犯罪嫌疑人的测谎经验搬上牌桌，运用出众的观察能力，全面解析扑克玩家的身体语言，开办观牌培训班。

• 测谎专家

纳瓦罗在 25 年的研究工作中积累了大量观察、审讯间谍和恐怖分子的经验。最近 15 年，纳瓦罗致力于非语言行为的研究，犯罪嫌疑人的任何微小动作很难逃过他的眼睛，揭露谎言正是他的强项。

现在，扑克世界里的纳瓦罗更是将自己的才华发挥得淋漓尽致。有些牌手喜欢利用各种动作虚张声势，迷惑对手，不过，再厉害的牌场高手都难以克制自己下意识的小动作，而纳瓦罗正是从中"侦破"对手底牌。

"人在撒谎时会作出一些特定肢体动作，在打牌下注时，你可以经常看见类似的反应，"他说，"我可以教你通过观察了解对手的心理状况，比如眼睛四处乱瞟，不时摘戴墨镜、或是突然变得话多等等，在牌场上，这些动作被称作泄密的信号。"

126

• 察言观色

在纳瓦罗的扑克培训班中，他向学员传授如何解密对手的小动作，从而作出正确判断。

纳瓦罗的教学指南中有些常见"定律"：玩家扬起眉毛说明抽到好牌，皱鼻子则是来了坏牌，摇晃手脚表示手气不错，交叉食指说明开始紧张，身体前倾、手指相对成塔尖状暗示跃跃欲试、伺机赢牌，等等。

在一次扑克锦标赛上，纳瓦罗记录了所有职业牌手的泄密信号，后来，一位扑克高手希望出5万美元买下他的"秘籍"。

纳瓦罗现在仍给美国中央情报局和联邦调查局官员进行反恐、反特辅导，他说："我希望有更多特工参与扑克项目，因为在打牌过程中你所能观察到的各种动作可能比进行60次模拟面试还丰富。"

纳瓦罗认为自己所从事的培训不只是一种游戏，而是一项严肃的职业。他说："牌手们付给我学费，我像训练特工一样培训他们，我希望学员们能够运用在这里学到的技巧获得成功。"

图书在版编目（CIP）数据

身体语言大揭秘/张玲编著. —长春：北方妇女

儿童出版社，2015.7（2021.3重印）

（科学奥妙无穷）

ISBN 978-7-5385-9344-0

Ⅰ.①身…　Ⅱ.①张…　Ⅲ.①身势语—青少年读物

Ⅳ.①H026.3-49

中国版本图书馆CIP数据核字（2015）第146843号

身体语言大揭秘

SHENTIYUYANDAJIEMI

出 版 人	刘　刚	
责任编辑	王天明　鲁　娜	
开　　本	700mm×1000mm　1/16	
印　　张	8	
字　　数	160 千字	
版　　次	2016 年 4 月第 1 版	
印　　次	2021 年 3 月第 3 次印刷	
印　　刷	汇昌印刷（天津）有限公司	
出　　版	北方妇女儿童出版社	
发　　行	北方妇女儿童出版社	
地　　址	长春市人民大街 5788 号	
电　　话	总编办：0431 - 81629600	

定　　价：29.80 元